Steinarbeiten in meinem Garten

Adrienne und Peter Oldale

Steinarbeiten in meinem Garten

Deutsche Verlags-Anstalt

Umschlag: Edgar Dambacher
Übersetzung aus dem Englischen: Karin Bünemann
Bildquellen: Bildarchiv Seeger: S. 88 unten
Alle übrigen Abbildungen: Peter und Adrienne Oldale

ISBN 3 421 02902 4

Gesamtherstellung: Deutsche Verlags-Anstalt GmbH, Stuttgart
Grafischer Großbetrieb
Printed in Germany
5678049734321

Inhalt

Einleitung

Vielleicht haben Sie, lieber Leser, sich bereits mit den ersten beiden Bänden unserer Buchreihe »Gartenprogramme« beschäftigt. In diesem Fall wissen Sie schon, welche Fülle von Möglichkeiten es gibt, den eigenen Garten reizvoll anzulegen. In diesem Buch lernen Sie nun eine neue Variante kennen: die Gestaltung des Gartens mit Natursteinen, behauenen Steinen, Platten, Blökken usw. Das erforderliche Material können Sie in allen Formen und Größen kaufen, und wenn Sie auf handliche Maße achten, können Sie immer bequem arbeiten.

Einfaches Mauerwerk im Garten zum Beispiel erfordert keine jahrelange Übung, sondern lediglich etwas Sorgfalt und Geduld. Was der Fachmann kann, ist Ihnen sicher ebenfalls möglich – auch wenn Ihnen die Arbeit vielleicht nicht so schnell von der Hand geht. Auf jeden Fall haben Sie nach getaner Arbeit die befriedigende Gewißheit, sich durch Ihren Fleiß erhebliche Kosten erspart zu haben. In diesem Buch zeigen wir Ihnen, wie man mit Steinmaterial umgeht, wie es bearbeitet und wo es eingesetzt wird.

Die wichtigsten Werkzeuge

Hammer

Sie benötigen für die Steinarbeiten einen speziellen Hammer, dessen Kopf an einem Ende keilförmig zugespitzt ist. Mit diesem zugespitzten Ende lassen sich vielerlei Arbeiten verrichten: Sie können ihn als Meißel benützen, um Steine und Ziegel zurechtzuhauen oder nur Sand unter die Blöcke zu treiben; mit dem Griff kann Steinmaterial ins Mörtelbett geklopft werden.

Ein Maurerhammer ist gewöhnlich mit einem Holzstiel ausgerüstet, sehr gut läßt es sich jedoch mit einem Hammer mit Stahlstiel und Gummigriff arbeiten. Schaffen Sie sich aber nicht die teuerste Ausführung an, falls Sie keine umfangreichen Steinarbeiten planen. Ein billigeres Stück leistet für Jahre die gleichen Dienste. Sie brauchen ferner einen kurzen Hammer, dessen Kopf schwer sein sollte, etwa ein bis zwei Kilogramm. Ein solcher Hammer ist meistens mit einem Hickory-Griff versehen und wird hauptsächlich verwendet, um Steine zu zertrümmern, Pfähle und Pflöcke in die jeweilige Unterlage zu treiben, und als Schlagwerkzeug für Meißelarbeiten. Einen langstieligen Vorschlaghammer werden Sie selten brauchen. Leihen Sie sich einen solchen aus, wenn Sie mit diesem Werkzeug eine Arbeit ausführen müssen, denn ein Kauf lohnt sich kaum.

Meißel

Mit einem Meißel lassen sich alle Arten von Stein und Betonplatten zuschneiden. Es genügt, wenn

Sie sich zwei Meißel von jeweils 25 und 80 Millimeter Breite zulegen.

Maurerkelle

Eine Kelle benötigen Sie, um Mörtel auf Steinblöcken glattzustreichen und Zementfugen zu säubern. Kellen gibt es in verschiedenen Größen und Formen. Sehr viel verwendet wird die rautenförmige Ausführung mit dem Griff an der Seite. Für das Glätten von Betonoberflächen verwendet der Fachmann meistens eine Kelle mit rechteckigem Blatt, von dessen Mitte der Griff ausgeht. In jedem Fall ist es ratsam, sich hier vom Fachmann beraten zu lassen.

Wasserwaage

Die Wasserwaage ist ein wichtiges Werkzeug, denn bei Maurerarbeiten muß stets geprüft werden, ob genau waagerecht oder senkrecht gearbeitet wurde. Ihre Wasserwaage muß mindestens 60 Zentimeter lang sein. Mit einer echten Maurerausführung können Sie sichergehen, daß Ihre Arbeit an Präzision nichts zu wünschen übrigläßt; allerdings ist ein solches Werkzeug sehr teuer. Für unsere Zwecke genügt eine billigere Wasserwaage, denn etwaige kleine Fehler beeinträchtigen unsere einfachen Steinarbeiten nicht.

Sonstige Hilfsmittel

Neben diesen speziellen Werkzeugen brauchen wir einen einfachen Spaten, einen Rechen und einen Schubkarren. Eine Schaufel mit hochgebogenen Rändern erleichtert das Betonmischen. Für das Mischen von Beton oder Mörtel ist eine Gießkanne von Vorteil.
Legen Sie auch ein Paar dicke Handschuhe griffbereit, denn Stein und Beton sind rauhes Material, an dem man sich leicht die Haut abschürfen kann. Wenn Sie Steine schneiden, sollten Sie außerdem eine Schutzbrille tragen, um Ihre Augen vor Steinsplittern zu schützen.
Weitere Hilfsmittel haben Sie sicher zur Hand: eine Schnur zum Abstecken, kurze Holzstücke, dünne Leisten, breite Bretter für die Pflöcke und als Arbeitsbretter. Halten Sie auch ein längeres Brett, etwa zwei Meter lang, mit einem Querschnitt von 2,5 × 5 Zentimeter, als Richtholz bereit. Es muß gerade, parallele Seiten haben. Wenn der Boden beim Ausheben des Unterbaues schwer ist, so ist eine Spitzhacke zum Aufbrechen des Unterbodens, den man dann mit dem Spaten wegschaffen kann, sehr nützlich.
Praktisch ist auch ein etwa ein Quadratmeter großes Mischbrett, das Sie sich selbst bauen können: es wird aus starken Holzbrettern zusammengenagelt. Darauf können Sie Beton und Mörtel mischen, ohne daß Rasen, Pflaster oder Boden verschmutzt oder beschädigt wird. Andererseits geraten in das Gemisch auch keine Fremdkörper, die es sicher schwächen würden.
Eine ähnlich handliche Hilfe beim Mauern ist ein leichteres, etwa 50 Quadratzentimeter großes Brett, auf dem eine kleine Portion Mörtel zu der Stelle der Mauer, wo man gerade arbeitet, befördert werden kann.
Zum Schluß sei noch erwähnt, daß die meisten Maurer bei der Arbeit einen Schutz für ihre Kleidung tragen, oft nur eine Schürze aus Sackleinen. Das lohnt sich bestimmt, da Steinkanten die Kleidung sehr schnell beschädigen können.

Welches Material ist brauchbar?

Steinarten

Es gibt mehrere Steinarten; für unsere Zwecke teilen wir sie in zwei große Gruppen: in die Sedimente und die Eruptivgesteine. Zur ersten Gruppe gehören Steine mit flachen, annähernd parallelen Ober- und Unterseiten. Die Stärke der einzelnen Stücke kann bis zu zehn Zentimeter und mehr variieren. Sie stammen aus großen, unter Druck entstandenen Flözen oder Steinschichten. Sie können mühelos als flache Steine gewonnen werden und haben, ähnlich wie Holz, eine »Maserung«, die am besten immer waagerecht verwendet werden sollte.
Sand- und Kalkstein sind zwei verbreitete Sedimente. Wie der Name schon vermuten läßt, entsteht Sandstein aus gepreßten Sandschichten; seine Farbskala reicht von Gelb bis zu Dunkelbraun. Kalkstein ist aus den zerstoßenen Überresten von Muscheln entstanden und meist weiß bis grau. Mit beiden Steinarten läßt sich gut arbeiten. Die Eruptivgesteine weisen ein unregelmäßig geformtes Äußeres auf. Zu dieser Gruppe gehören viele härtere Gesteinsarten, die sich weniger leicht verarbeiten lassen. Offensichtlich lassen sich Mauern oder Pflaster leichter aus Schichtgestein herstellen, was aber nicht heißen soll, daß Eruptivgestein überhaupt nicht verwendet werden kann. Es kann billiger sein, wenn es zum Beispiel in Ihrer Umgebung abgebaut wird, so daß sich die Mühe lohnt, die unregelmäßigen Stücke zurechtzuhauen.
Sie können sich Ihre Steinsorten in verschiedenen Härten und Farben beschaffen. Manche sind sehr hart, wie zum Beispiel der bekannte Granit; andere sind bröckelig. Am besten sieht man sich die Steine vorher an, um die billigste und brauchbarste Art herauszufinden.

Kauf und Transport

Mit welchen Kosten Sie rechnen müssen, hängt nicht zuletzt davon ab, wie teuer der Transport wird. Falls Sie in der Nähe eines Steinbruches wohnen, haben Sie hier gewisse Vorteile. Sie können sich dann direkt an den Erzeuger wenden, von dem Sie die benötigten Steine billiger beziehen können als beim Kleinhändler. Allerdings müssen Sie dann auch größere Mengen bestellen.
Noch ein anderer Faktor ist bei der Bestellung zu berücksichtigen: das Gewicht der Steine. Das Material wird wahrscheinlich bis vor Ihre Gartentür geliefert, und wenn Sie nicht ganz großes Glück haben, so wird es dort auch abgeladen. Sie können sich vorstellen, welcher Herkulesarbeit es bedarf, um eine oder mehrere Tonnen Gestein von der Straße in den Garten zu schaffen! Deshalb müssen Sie vereinbaren, daß das Material »frei Garten« geliefert wird, es sei denn, Ihnen stehen die hilfreichen Hände von Freunden zur Verfügung. Nötigenfalls sollten Sie die Lieferungen teilen, selbst wenn Sie dadurch höhere Transportkosten in Kauf nehmen müßten. Sie ersparen sich dadurch unnötigen Muskelkater und laufen nicht Gefahr, frühzeitig die Lust an der Arbeit zu verlieren.

Steinvarianten, und was man dazu braucht

Behauene Steine

Das direkt beim Steinbruch gekaufte Material ist nicht genau in der richtigen Größe und Form zugeschnitten. Das müssen Sie selbst tun. Es gibt aber auch behauene Steine, die bereits die gewünschte Größe und Form haben. Für den Mauerbau kann man sie zum Beispiel in rechteckigen Blöcken mit einer oder mehreren »Sichtseiten« bekommen. Als Sichtseite gilt die Seite, die bei der fertigen Arbeit ins Auge fällt. Bei einem Pflasterstein ist zum Beispiel die Oberseite die Sichtseite; bei einer Mauer sind dies die Vorder- und die Rückseite oder die Enden.
Behauene Steine sind wesentlich teurer als unbehauene, zumal sie oft noch von Hand bearbeitet werden. Natürlich gibt es Maschinen, die Steine zu regelmäßigen Blöcken zersägen, aber durch den unvermeidlichen Verlust entstehen hohe Kosten.
Wir werden also behauene Steine nur für besondere Zwecke kaufen. Bei einer langen Mauer zum Beispiel verwenden wir für die Vorderseite behauene Steine und dahinter unbehauene. Auch für Pfeiler und Treppen brauchen wir wahrscheinlich vorgefertigte Steine. Behauene Steine werden im allgemeinen quadratmeterweise verkauft.

Ziegelsteine

Ziegelsteine sind Lehmblöcke, die unterschiedlich lange im Ofen gebrannt werden. Sehr gut lassen sich im Garten gebrauchte Ziegel von alten Häusern verwenden. Sie haben oft eine reizvolle Patina und Farbe, besonders wenn sie viele Jahre der Witterung ausgesetzt waren. Neue Ziegel, besonders die einfachen Arten, sehen etwas streng aus; allerdings gibt es auch strukturierte Ziegel, die äußerst reizvoll sind. Ihre Seiten haben verschiedene Muster und sind oft leicht getönt, zum Beispiel in Rot, Braun oder Gelb. Der glasierte Ziegelstein ist sehr haltbar und wird manchmal für Wege verwendet. Gerade für diesen Zweck sind glasierte Ziegelsteine jedoch nicht zu empfehlen, da ihre glatte Oberfläche bei Regen- oder Frostwetter leicht glitschig wird.

Fliesen

Fußbodenfliesen und Pflastersteine werden oft für den Garten empfohlen. Sie halten der Witterung tatsächlich gut stand, haben jedoch wie die hartgebrannten Ziegelsteine denselben Nachteil, daß sie bei Feuchtigkeit glitschig werden.

Betonplatten

Es gibt heute leichtere Betonplatten mit verschiedenen Strukturen und Farben, die sehr reizvoll sein können. Verfallen Sie jedoch nicht ins Extrem, indem Sie große Flächen mit Steinen in leuchtenden Farben herausputzen. Streben Sie statt dessen eine ruhigere Lösung an: nur wenige Platten mit kräftigen Farben, der größte Teil mit dezenteren Sandsteinformen. Auch die Struktur ist wichtig – eine rauhe Oberfläche ist besser als eine glatte. Die unterschiedliche Form und Größe der Platten kann viel zur Gesamtwirkung eines Pflasters beitragen. Vermeiden Sie es, große Flächen mit gleichen Platten zu bedecken. Legen Sie lieber unregelmäßige Muster mit verschieden großen Steinen. Es gibt heutzutage Platten in verschiedenen Größen, die aber nach einem bestimmten System zusammenpassen. Jede Größe kann zum Beispiel ein Vielfaches von 25 Zentimeter sein. Die Platten können dann ohne Zuschneiden miteinander verlegt werden. Für Gartenzwecke sind die Platten etwa vier bis fünf Zentimeter stark, wobei die schwereren Ausführungen für Wege verwendet werden, auf denen man mit dem Auto fahren will. Die Steine werden entweder quadratmeterweise oder einzeln verkauft. Möchten Sie verschieden große Platten verlegen, so fertigen Sie sich einen maßstabsgerechten

Plan für die betreffende Fläche an und tragen dann darauf genau die Größen der benötigten Platten ein. Über die Größen und Muster läßt es sich in einem warmen Zimmer viel gemütlicher nachdenken als draußen, wenn man mit zehn Tonnen Betonsteinen jongliert!
Auch Mauerwerksteine wirken besser, wenn sie nicht alle genau gleich groß sind. Die Farben können hier etwas kräftiger sein als bei Pflastersteinen, da die Flächen kleiner sind; vermeiden Sie jedoch leuchtende Farben direkt neben dem Rasen oder neben Blumenbeeten.

Vorgefertigte Mauerformsteine

In den letzten Jahren sind leichte Betonsteine mit verschiedenen Mustern immer beliebter geworden. Mit ihnen baut man jedoch eher Sichtschutzwände als richtige Mauern. Sie haben den Vorteil, daß solche leichten Steine von Amateuren höher gebaut werden können, als dies bei soliden Steinen oder Ziegeln ratsam wäre. Überdies läßt es sich mit ihnen mühelos und schnell arbeiten, da der einzelne Stein so leicht ist, daß sogar eine Frau bequem damit umgehen kann.
Die Endpfeiler für diese Mauern werden vorgeformt geliefert; man zementiert sie leicht ein und verstärkt sie bei Bedarf. Vorgefertigte Mauerformsteine werden stückweise verkauft; auch hierbei empfiehlt es sich wieder, einen ausführlichen Plan aufzustellen und die genaue Anzahl der benötigten Blöcke einschließlich der eventuell benötigten halben Steine zu ermitteln.

Zement, Sand und Kies

Diese Baustoffe werden für Mörtel und Beton gebraucht. Mörtel enthält nur Sand und Zement. Er wird zum Befestigen von Steinen oder Ziegeln, für das Unterbett von Platten oder zum Gießen verwendet. Im Beton sind zusätzlich Kiesel in verschiedenen Mengen enthalten. Er ist also billiger, dafür aber auch gröber; er findet bei Fundamenten und festen Betonwegen Verwendung. Beginnen wir bei dem wichtigsten Bestandteil, dem Zement.
Er wirkt als Bindemittel zwischen den feinen Sandkörnern und den Kieselsteinen. Frisch hergestellter Zement ist heiß, und eine warme Verpackung ist ein sicheres Zeichen für Frische. Kaufen Sie nie mehr Zement, als Sie bequem innerhalb von 14 Tagen verwenden können – es sei denn, Sie haben einen besonders warmen und trockenen Lagerplatz. Selbst in abgedichteten Säcken kann er Luftfeuchtigkeit absorbieren und anfangen, sich zu setzen. Auch wenn er noch pulvrig erscheint, bindet er dann nicht mehr so gut wie frischer Zement.
Zement ist der teuerste Bestandteil im Beton, so daß wir mit ihm natürlich möglichst sparsam umgehen. Im folgenden Teil nennen wir Ihnen einige Mischungen für bestimmte Zwecke. Man berechnet solche Mischungen mehr nach dem Volumen als nach dem Gewicht. Das bedeutet, daß Sie Zement, Sand und Kies nicht auswiegen, sondern mit Eimern messen.
Gehen Sie sehr vorsichtig mit Zementsäcken um. Ein feuchter Sack kann platzen, und Sie bekommen den Zementstaub in die Augen. Kaufen Sie möglichst so kleine Säcke, daß Sie bequem damit hantieren können.
Manche Leute sind allergisch gegen Zement, so daß es immer ratsam ist, die feuchte Zementmischung nicht mit bloßen Händen zu berühren. Müssen Sie es wirklich einmal tun, so spülen Sie Ihre Hände möglichst sorgfältig mit Wasser ab. Feste, wasserdichte Gartenhandschuhe können hier Abhilfe schaffen.
Beim Sand unterscheiden wir im wesentlichen zwei Arten: den weichen und den scharfen Sand. Der weiche Sand besteht beinahe nur aus sehr feinen Teilchen und wird im Mörtel für Steine und Ziegel verwendet. Er wird gern klebrig, so daß er leicht auf der Steinoberfläche haftenbleibt.
Scharfer Sand ist gröber und wird für strapazierfähigeren Mörtel, zum Beispiel zum Plattengießen, und für alle Betonarten verwendet. Er eignet sich auch am besten, wenn man Platten trocken verlegen will.
Auch Kies gibt es in zwei Arten, nämlich als Steinsplitter oder als Kieselsteine. Erstere sind zertrümmerte Steine, während die runden Kiesel aus Flüssen oder aus dem Meer stammen.
Zu manchen Mörtelmischungen wird feiner, puderförmiger Kalk beigegeben, besonders beim Mauerbau, wenn man die Mischung geschmeidiger machen will. Halten Sie den Kalkstaub ebenso wie den Zement von den Augen fern.

Wichtige Grundarbeiten

Planen hilft sparen

Steinmaterial ist teuer, und es ist ratsam, vorher genaue Pläne zu entwerfen, um Abfall zu vermeiden und möglichst gute Resultate bei möglichst geringen Kosten zu erzielen. Am besten zeichnen Sie sich auf einen großen Bogen Papier einen maßstabsgerechten Plan. Vermerken Sie darauf die Lage von Haus und Garten mit Rasen, Bäumen, Sträuchern und so weiter. Nun können Sie den vorgesehenen Weg oder die neue Mauer darauf einzeichnen.

Sehr nützlich ist es, wenn Sie dazu Quadrate und Rechtecke im verkleinerten Maßstab der zu verwendenden Platten ausschneiden und sie auf Ihrem Plan entsprechend plazieren. Sie erhalten so eine Vorstellung, wie das Ganze aussehen wird, wie viele und wie große Platten oder Steine Sie benötigen. Versuchen Sie, verschiedene Muster zu entwickeln. Sie werden überrascht sein, wie sich Ihre Anfangsidee vielleicht später zu einem viel reizvolleren Muster ausbauen läßt!

Wege und Pflasterplätze sind das »Rückgrat« des Gartens. Planen Sie deshalb die Umrisse und Abmessungen sorgfältig, und wählen Sie das Material sowohl unter Berücksichtigung der Kosten als auch der Wirkung. Rechteckige und quadratische Steine sehen immer am besten aus, sind aber auch am teuersten. Betonplatten sind vielleicht nicht so hübsch, aber dafür viel billiger. Auch Ziegelsteine sind nicht teuer, besonders wenn man sie aus zweiter Hand von einer Abbruchfirma kaufen kann; überdies lassen sie Wege und kleine Plätze sehr reizvoll erscheinen. Bei Betonpflasterung sind Sie nicht an quadratische oder rechteckige Formen gebunden. Die entsprechenden Steine gibt es in verschiedenen Formen, die sich zu hübschen Mustern zusammenlegen lassen.

Dieselben Probleme ergeben sich beim Planen einer Mauer. Geschnittene Steine sind schön, aber kostspielig, Ziegelsteine sind dagegen preiswert. Ziegelsteinmauern passen jedoch nur zu wenigen Pflanzen, ausgenommen solche, deren Ziegel in dezenten Farben getönt sind und die eine geformte Oberflächenstruktur besitzen.

Wenn Sie nun Ihren maßstabsgerechten Plan fertig haben, so gehen Sie damit in den Garten und stecken Sie sich die Wege, Plätze und Mauern mit Hilfe von Pflöcken und Stricken ab. Tun Sie dies, auch wenn Sie nicht beabsichtigen, alles auf einmal zu bauen. Sie werden nämlich dann genauer beurteilen können, wie der Garten im fertigen Zustand aussehen wird. Oft erscheint zum Beispiel ein Platz, der auf dem Papier eindrucksvoll und groß wirkt, in Wahrheit ganz unscheinbar neben dem großen Haus oder einer ausgedehnten Rasenfläche.

Anhand Ihrer Zeichnung und der Außenabmessungen können Sie sich ausrechnen, wie viele Pflaster- oder Mauersteine Sie brauchen werden. Außerdem müssen Sie sich eine bestimmte Menge Sand, Zement und vielleicht Kies besorgen. Die meisten Platten werden in ein fünf Zentimeter tiefes Sandbett verlegt.

Bestellen Sie stets genügend Sand, damit Sie unterschiedliche Tiefen des Sandbettes ausgleichen können und einen Überschuß haben, der in die Fugen gefegt werden kann. Für das Pflasterbett braucht man immer scharfen Sand, während zum Zementieren der Mauersteine weicher Bausand verwendet wird. Seien Sie beim Bestellen von Sand und Zement stets großzügig, da ein Amateur für gewöhnlich mehr von diesen Baustoffen verbraucht als ein Fachmann.

Auch zur Lagerung von Platten, Sand und Zement ist einiges zu sagen. Von Zement muß jede Feuchtigkeit ferngehalten werden. Er soll möglichst warm lagern, da er aus feuchter Luft Wasser absorbieren und dann zusammenbacken kann. Sand muß zugedeckt werden, da er sonst von einem starken Regenguß durchnäßt werden könnte und nachher schwer zu mischen ist. Betonplatten und -steine brauchen vor der Witterung nicht geschützt zu werden; man sollte sie jedoch immer sorgfältig aufeinanderstapeln, Steine zu Stößen und Platten aufrecht an eine Mauer gelehnt.

Mauerfundamente

Eine typische Gartenmauer zum Beispiel aus Ziegelsteinen ist nur zwölf Zentimeter breit. Sie hat jedoch ein beachtliches Gewicht, das stark nach unten drückt. Dadurch kann der Boden leicht nachgeben, was dann zu Rissen in der Mauer führt. Um das Gewicht auf eine größere Fläche zu verteilen, ist es notwendig, Fundamente für Ziegelsteinmauern 15 Zentimeter tief und mindestens 30 Zentimeter breit anzulegen. Für solche Zwecke ist Beton erforderlich.
Anleitung:

- Heben Sie zunächst einen Graben in der gesamten Mauerlänge aus. Die genaue Tiefe hängt von der Bodenbeschaffenheit ab. Bei sandigem oder lehmigem Boden müssen Sie also tiefer gehen. Der Graben sollte mindestens zweimal so breit sein wie die Mauer. Achten Sie darauf, daß der Boden des Grabens eben und fest ist;
- sollte das nicht der Fall sein, können Sie den Grabenboden mit kleineren Steinen ebnen und festigen;
- füllen Sie den Graben mit feuchtem Beton, der aus einem Gemisch aus Zement, Sand und Kies im Verhältnis 1:2:4 besteht. Die Schicht sollte etwa 15 Zentimeter stark sein;
- rammen Sie den Beton mit einem Balken fest;
- prüfen Sie mit einer Wasserwaage oft, ob der Beton ganz eben ist. Dadurch wird die spätere Arbeit viel einfacher. Alle Betonelemente sollte man mindestens eine Woche lang fest werden lassen, ehe darauf weitergebaut wird.

Treppenfundamente

Eine besondere Art von Fundament ist bei Treppen erforderlich. Hierbei hängt viel davon ab, wie oft sie benutzt werden. Eigentlich sollte man Beton verwenden; bei Treppen mit wenig Belastung mag es reichen, wenn man den lockeren Mutterboden abhebt, den Untergrund festrammt und einige Zentimeter hoch zerbrochene Steine unter die Stufen legt.

Platten werden behauen

Nachdem wir das Fundament gelegt haben, gehen wir daran, Steine und Platten zu behauen. Üben wir zuerst an einer Betonplatte oder einem Pflasterstein. Wir brauchen dazu nur Hammer und Meißel. Gerade Linien sind am leichtesten zu schneiden, aber auch konkave und konvexe Kurven sind möglich, dazu braucht man jedoch ein wenig Übung. Der Stein muß beim Schneiden stets auf einem festen Untergrund aufliegen. Am besten erreicht man dies, indem man reine, lokkere Erde oder Sand aufhäuft und den Stein fest hineindrückt. Vergewissern Sie sich, daß er immer fest eingebettet liegenbleibt, während Sie meißeln.

Anleitung:

- Zunächst »schneiden« wir nur eine Platte mitten durch. Markieren Sie die Schnittlinie mit Kreide oder einem weichen Bleistift;
- kerben Sie dann mit Hammer und breitem Meißel eine schmale Linie in die Platte, die nicht tiefer als ein bis zwei Millimeter sein soll. Achten Sie darauf, daß sie gerade und gleichmäßig tief ist;
- meißeln Sie auch an den Seitenkanten der Platte, entlang der Schnittlinie;
- markieren Sie die Rückseite der Platte, und meißeln Sie auch hier. Nun haben Sie ringsherum eine gleichmäßige Einkerbung;
- nehmen Sie nun Ihren schwersten Hammer, und schlagen Sie entlang der Linie mit kräftigen, aber nicht gewaltsamen Schlägen. Es kann sein, daß Sie mehr als 20mal zuschlagen müssen, bis der Beton anfängt zu bersten. Sie hören, wie die Schläge immer dumpfer klingen;
- stützen Sie die Platte hinten mit Ihrer linken Hand, während Sie hämmern;
- Platten mit gleichmäßiger Struktur, wie Beton oder natürlicher Sandstein, spalten sich völlig gerade und eventuelle kleine Unregelmäßigkeiten können später leicht weggemeißelt werden.

Nun wollen wir eine Platte abrunden:

Anleitung:

- Markieren Sie die Kurve, und schneiden Sie den größten Teil mit einem geraden Schnitt so ab wie oben beschrieben;
- nehmen Sie dann einen schmäleren Meißel, und meißeln Sie entlang der Hauptlinie, wobei Ihre Einkerbung jedoch tiefer als für einen geraden Schnitt sein muß – etwa drei bis vier Millimeter;
- meißeln Sie so lange auf beiden Seiten der Platte, bis die ersten Stücke wegspringen;
- zum Schluß stellen Sie die Platte hochkant zwischen Ihre Knie und stemmen die Ecken weg;
- wenn man zu den Ecken hin hämmert, brechen sie leichter ab, bis die Platte gleichmäßig abgerundet ist.

Zuweilen muß eine Platte innen gerundet werden, zum Beispiel um später ein Abflußrohr anzubringen. Das ist nicht ganz einfach und erfordert Geduld.

Anleitung:

- Markieren Sie den Boden mit Kreide oder Bleistift auf beiden Seiten der Platte;
- beginnen Sie mit einem sehr scharfen Meißel in der Mitte des abzuschneidenden Stückes, und schlagen Sie es in kleinen Stücken aus;
- drehen Sie die Platte um, und wiederholen Sie denselben Vorgang von dieser Seite;
- meißeln Sie auf diese Weise immer weiter nach innen, und schneiden Sie eine Rille auf der Vorder- und Rückseite, bleiben Sie jedoch noch etwas von der eigentlichen Markierungslinie entfernt;
- nehmen Sie mit dem Meißel allmählich, von der Markierungslinie her nach außen arbeitend, das Innenstück weg;
- schneiden Sie jeweils nur kleine Stücke ab;
- stemmen Sie den Innenbogen immer weiter aus, bis zur gewünschten Größe.

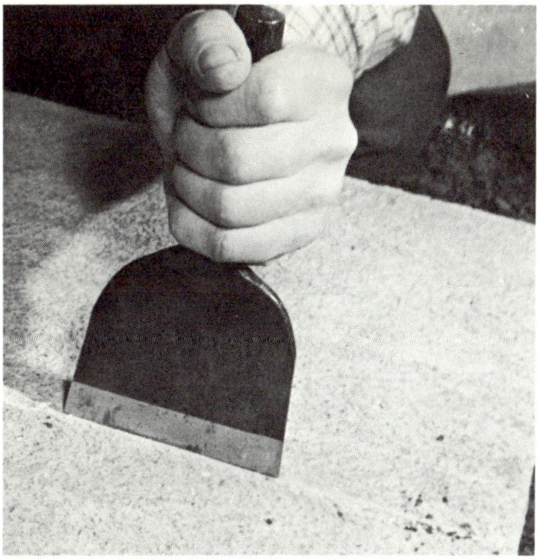

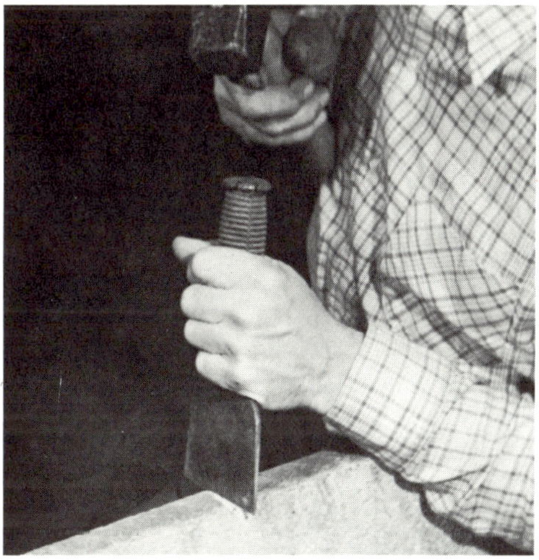

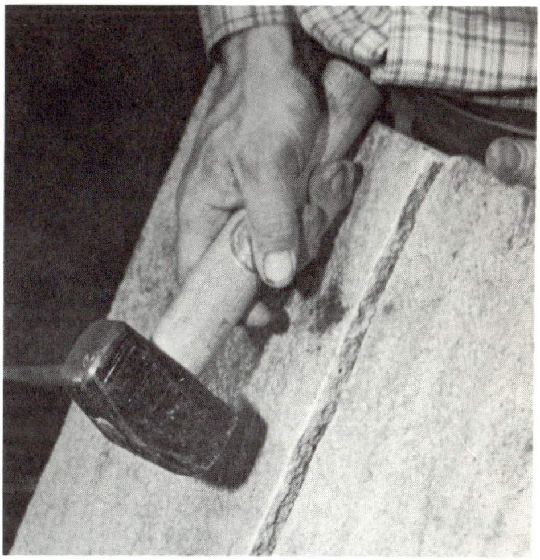

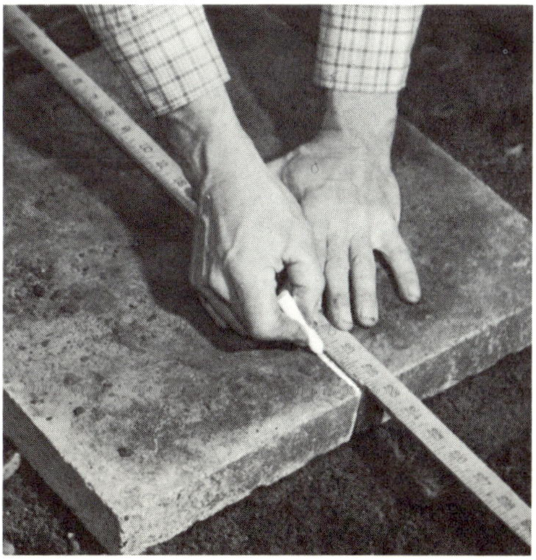

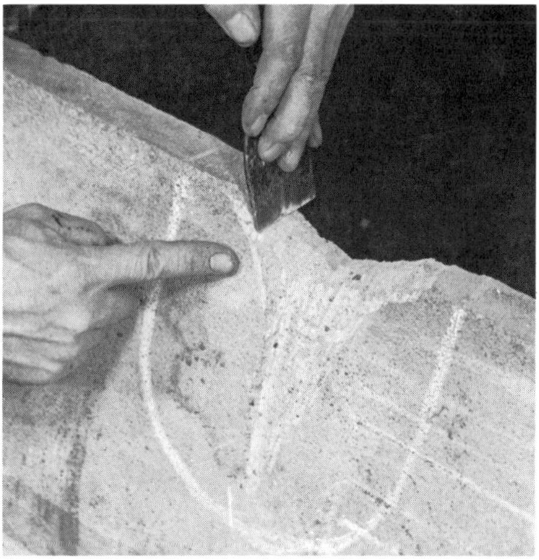

Wir bearbeiten Mauersteine

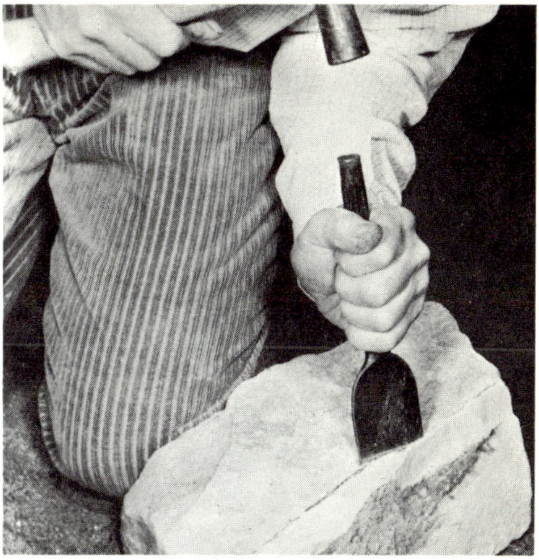

Unregelmäßige Steinblöcke, die man für den Mauerbau verwenden will, müssen glatte Seiten und richtige Ecken erhalten. Bei dünnen Steinen werden die Ecken am besten mit der Meißelseite eines Maurerhammers behauen.

Anleitung:

- Legen Sie den zu beschlagenden Block in ein weiches Sand- oder Erdbett, wobei die zu bearbeitende Kante von Ihnen wegsieht; markieren Sie wiederum die Schnittlinie;
- schlagen Sie nun nahe der Kante kleine Steinsplitter los. Arbeiten Sie schrittweise entlang der Ober- und Unterseite, und passen Sie besonders bei den Ecken auf, die springen nämlich leicht ab, wenn Sie dort zu große Splitter wegnehmen;
- das Formen von Mauersteinen kostet einige Mühe. Wählen Sie zuerst die Seite aus, die bei der fertigen Mauer sichtbar bleibt;
- ziehen Sie dann einen dicken, möglichst geraden Bleistiftstrich rund um den Stein; schlagen Sie nun an der von Ihnen abwärts gewandten Seite mit einem Meißel kleine Splitter entlang der Markierungslinie weg. Dadurch bleibt die Mitte dieser Seite höher als die Kanten; dies ist die übliche Methode, um Steinblöcke für den Garten zu behauen; an den Ecken müssen Sie zwei Seiten des Steines behauen. Dazu markieren und meißeln Sie wie vorher;
- Sie haben nun einen Stein, der auf der einen Seite vierkantig mit einer erhabenen Oberfläche ist und sich hübsch in einer Mauer verarbeiten läßt.

Wir mischen Mörtel und Zement

Wenn das Fundament gelegt und die Steine behauen sind, beginnen wir mit dem Mauerbau. Dazu brauchen wir Mörtel, eine Mischung aus Sand, Zement und Wasser. Man verwendet ihn, um Ziegel oder Steine miteinander zu verbinden, zum Verlegen an den Rändern der Pflastersteine oder zum Verstreichen der Fugen.

Die Stärke des Mörtels hängt weitgehend von der Sorgfalt beim Mischen ab. Dies erfordert Zeit und Geduld. Denken Sie daran, daß Mörtel und Beton nach Volumen und nicht nach Gewicht gemischt werden. Das übliche Verhältnis bei Mörtel beträgt drei Teile Sand zu einem Teil Zement.

Anleitung:

- Messen Sie dieses Verhältnis mit Eimern ab, und schütten Sie alles auf einen Haufen. Schaufeln Sie den ganzen Haufen zur Seite und dann wieder zurück. Wiederholen Sie diesen Vorgang vier- bis fünfmal;
- sobald der Haufen eine völlig gleichmäßige Farbe aufweist, ist das Trockenmischen beendet. Graben Sie in die Mitte des Haufens ein Loch und drücken Sie die Seiten gut nach außen;
- gießen Sie Wasser in das Loch, ohne daß die Flüssigkeit überläuft;
- holen Sie nun vorsichtig etwas von dem trokkenen Gemisch nach innen ins Wasser. Gießen Sie nochmals Wasser hinzu, vermischen Sie es mit der trockenen Masse, bis der ganze Berg gleichmäßig befeuchtet ist;
- wenden Sie die Masse mehrmals und zerstoßen Sie sie mit dem Spaten, bis sie gleichmäßig strukturiert, gefärbt und formbar geworden ist.

Mörtel sollte so schnell wie möglich verwendet werden, da er sich bald nach dem Mischen setzt. Erfahrene Maurer wenden und zerstoßen ihren Mörtel ständig, während er auf einem Haufen liegt. Säubern Sie Ihr Werkzeug stets sofort nach der Arbeit mit Zement; wenn dieser hart geworden ist, läßt er sich nämlich nur noch schwer entfernen. Sollten Sie die Säuberung einmal vergessen haben, gibt es im Handel chemische Mittel, die hartgewordenen Zement wieder auflösen.

Das Anlegen von Gartenwegen

Der Unterbau

Der einzige Unterschied zwischen einem Weg und einem Sitzplatz besteht in der Größe. Eine Terrasse kann 30 Quadratmeter groß sein, angelegt wird sie jedoch auf dieselbe Weise wie ein Weg. Es sind lediglich einige besondere Punkte zu berücksichtigen, zum Beispiel bei der Befestigung der Platten an einem leichten Abhang, wo man darauf achten muß, daß das Regenwasser abfließen kann. Die auf den folgenden Seiten beschriebenen Methoden gelten sowohl für Terrassen als auch für Wege, und jedes Material kann gleichermaßen bei beiden verwendet werden.
Jede Steinarbeit im Garten erfordert ein gutes Fundament. Weder Steine noch Betonplatten, Ziegelsteine oder irgendeine Kombination dieser Steine können Sie einfach auf Erde legen. Dann würde nämlich alles absacken oder wackeln. Je größer die Beanspruchung, desto stärker muß der Unterbau sein. Die obere Schicht des fruchtbaren Bodens in unseren Gärten ist meistens lokker. Deswegen müssen erst die Pflanzen und der Oberboden entfernt werden. In etwa 20 Zentimeter Tiefe stößt man oft schon auf eine härtere Schicht, die als festes Fundament dienen kann, wenn man sie festrammt. Manchmal muß man auch tiefer graben. Auch Lehmboden muß tief ausgehoben werden, denn Lehm dehnt sich und schrumpft ganz erheblich unter der Einwirkung von Temperatur und Feuchtigkeit. Bei steinigen und sandigen Böden ist das tiefe Ausheben nicht nötig, da sie ein festes Fundament bilden.
Anleitung:
Das ausgehobene Wegebett wird mit einer zehn Zentimeter hohen Schicht von Bruchsteinen, Flußkieseln oder Ziegelschutt ausgekoffert; das Ganze festrammen oder -klopfen; nun bringen Sie eine Schicht kleinerer Bruchsteine oder Kies auf, so daß eine einigermaßen ebene Oberfläche entsteht; schließlich decken Sie die noch poröse Oberfläche mit grobem Sand oder mit Asche gut fünf Zentimeter hoch ab. Dieses Material dient zugleich als Bett für die eigentliche Pflasterung; wo die Benutzung und die Belastung besonders stark sind, sollte der Unterbau am besten einige Wochen vor dem Verlegen des Pflasters hergestellt werden, damit er sich setzen kann. Je mehr man den Weg in dieser Zeit begeht, desto besser.

- In feuchten Lagen legen Sie zur besseren Dränage ein Abflußrohr in den Unterbau. Zu diesem Zwecke vertiefen Sie den Weg zu seiner Mitte hin und graben dort eine Rinne aus; in diese Rinne legen Sie eine Reihe eng aneinanderstoßender, jedoch nicht zusammenzementierter Tonrohre;
- einen perspektivischen Querschnitt durch eine solche Dränage zeigt die Abbildung, obenauf bildet scharfer Flußsand das fünf Zentimeter hohe Pflasterbett, das sorgfältig glattgeharkt wird. Wege mit solchem Unterbau trocknen stets schnell und sacken selten ab. Gußbeton bildet natürlich den besten Unterbau, doch braucht man ihn nur bei Fahrwegen oder Einfahrten.

Wie man Platten verlegt

Unregelmäßiges Natursteinpflaster, sogenanntes Mosaik- oder Polygonalpflaster, ist einfach zu bauen und wird in Gärten gern verwendet. Durch geschickte Bepflanzung der Fugen zwischen den Platten mit Blumen oder Polsterstauden können solche Wege sehr apart wirken. Duft- und Würzpflanzen sind dafür besonders zu empfehlen, weil die unter den Schuhen zerdrückten Blätter ihren Duft verströmen, wenn wir nur darüberlaufen. Bei sehr wenig begangenen Wegen kann man ausnahmsweise auch auf den Unterbau verzichten. Aber sogar die Pflanzen zwischen den Steinen werden von dem gutdränierten Untergrund profitieren.
Sie können Sand- oder Kalksteinplatten in hübschen, unregelmäßigen Formen kaufen – oft billig als »Bruch«. In jeder Lieferung von Natursteinen werden Sie verschiedene Größen von Platten erhalten.
Anleitung:

- Sortieren Sie die Platten vor dem Verlegen, und suchen Sie die größten für die Ränder des Weges heraus. Für das letzte Ende Ihres Weges würden nämlich nur noch die kleinen Stücke zurückbleiben;
- schlagen Sie beim Verlegen mit einem Maurerhammer Sand unter die Ränder der Steine, während Sie von oben gleichzeitig kräftig drücken;
- prüfen Sie mit einer Wasserwaage, ob die beiden Wegränder in einer Ebene liegen;
- legen Sie zuerst alle Steine am Wegrand, und füllen Sie dann den Zwischenraum mit etwas kleineren, aber nicht zu kleinen Platten aus; falls die Platten nicht genau passen, werden sie mit der Meißelseite eines Maurerhammers an den Kanten zurechtgeschlagen;
- die Steine brauchen aber nicht dicht aneinanderzustoßen, da im Laufe der Arbeit kleine Kriechpflanzen in die Fugen gepflanzt werden können. An diesen Stellen bringen Sie etwas Humus in das Sandbett ein; schließlich streuen Sie mehr Sand über die Oberfläche; kehren Sie nun den Sand gut in die Zwischenräume hinein;

gießen Sie reichlich Wasser nach, bis der Sand in die Fugen gespült ist;
füllen Sie jetzt mit Sand nach, bis die Fugen beim Wässern bis oben hin gefüllt bleiben. Anstelle von Sand können Sie auch ein Erde-Sand-Gemisch zum Auffüllen der Fugen verwenden, damit die Pflanzen besser zwischen den Steinen gedeihen.

Betonplatten in Zement verlegt

Am meisten werden wahrscheinlich gegossene Betonplatten für Wege und Terrassen in modernen Gärten verwendet. Sie sind billiger als Stein, und manche sehen erstklassigen Sandsteinen sehr ähnlich. Neben dem »natürlichen« Anstrich und dem gewöhnlichen Grau können Sie auch Farben wie Grün, Blau, Orange, Gelb und so weiter wählen. Seien Sie jedoch vorsichtig mit diesen bunten Steinen. An einigen wenigen Stellen können sie passen, zum Beispiel um Schwimmbecken oder auf Spielplätzen. Auch supermoderne Hausgärten vertragen leuchtende Farben. Verwenden Sie sie jedoch in der Regel nicht in kleinen Gärten. Ihre Farbe dominiert zu leicht gegenüber den Pflanzen und Sträuchern ringsherum. Für Gärten verwendet man im allgemeinen nur fünf bis sechs Zentimeter starke und nicht zu große Platten, mit denen leicht zu arbeiten ist. Normalerweise werden sie einfach auf ein Sandbett gelegt, und bei geringer Benutzung reicht es, wenn die Fugen einfach mit etwas mehr Sand gefüllt werden. Man braucht also überhaupt keinen Zement. Wer aber auf Nummer Sicher gehen will, sollte etwas Mörtel sauber unter die Fugen bringen; dadurch werden diese fest zusammengehalten und können später nicht auseinanderfallen. Die erfolgreichste Methode sowohl für Wege als auch für Terrassen besteht darin, die Platten direkt auf ein fünf bis acht Zentimeter dickes Betonbett zu verlegen. Das ist allerdings teuer und nur nötig, wenn eine außergewöhnliche Belastung, zum Beispiel durch Autos, gegeben ist.

Das Geheimnis des erfolgreichen Plattenlegens liegt in der Vorbereitung des Unterbaus. Wenn Sie erst einmal einen Unterbau mit glatter, fester, ebener Sandauflage haben, so können Sie mit Leichtigkeit die Platten verlegen.

Anleitung:

- Graben Sie etwa 25 Zentimeter tief, bringen Sie eine 15 Zentimeter hohe Schicht grober Steine und Ziegelschutt ein, und rammen Sie das Ganze fest. Streuen Sie darüber fünf Zentimeter groben Betonsand als Bett für die Platten;
- rechen Sie den Sand möglichst eben . . .
- und treten Sie ihn mehrmals fest;
- schlagen Sie an den Ecken zwei Pflöcke ein;
- verbinden Sie die Pflöcke mit einer Schnur;
- wiederholen Sie dies an allen vier Ecken, so daß ein Rechteck entsteht;
- legen Sie vorläufig Platten an den Ecken;
- schichten Sie mit einem Maurerhammer Sand darunter, damit die Platten festliegen;
- prüfen Sie an allen vier Ecken mit einer Wasserwaage, ob die Platten auch wirklich horizontal liegen.
- Heben Sie eine Platte hoch, und schütten Sie eine Schaufel voll Mörtel unter jede Ecke. Der Mörtel sollte gut gemischt, aber nicht matschig sein;
- pressen Sie die Platte fest auf den Mörtel, und stoßen Sie mit dem Holzschaft eines Hammers (nie mit einem Metallwerkzeug) die Platte in den Grund, bis die Kanten genau mit der Leitschnur übereinstimmen;
- kontrollieren Sie mit der Wasserwaage, ob die Platte ganz eben ist (falls ein Gefälle entstehen soll, so gleichen Sie den Gefällwinkel den Leitschnüren an);
- wird an den Ecken Mörtel herausgequetscht, glätten Sie ihn sauber mit einer Kellenspitze;
- die anschließenden Platten werden ebenso befestigt, wobei mit einer langen Brettkante ständig geprüft werden muß, ob sie genau in einer Ebene mit den Eckplatten liegen;
- wenn die Terrasse vor ihrer Vollendung steht, so liegt schließlich nur noch eine Eckplatte an ihrem Platz. Benutzen Sie diese weiterhin als Richtplatte, bis Sie sie schließlich auch auf den Mörtel setzen;
- der Zement muß sich unter jeder Fuge mehrere Tage lang setzen. Streuen Sie dann Betonsand über die gesamte Terrassenfläche . . .
- und fegen Sie ihn in alle Fugen hinein, bis diese voll sind.
- Überspülen Sie die Oberfläche mit Wasser, damit der Sand noch weiter in die Fugen hineingewaschen wird und diese ausfüllt. Ein trockenes Gemisch aus einem Teil Zement und drei Teilen Sand ist dafür sogar noch besser als reiner Sand.

Eine Terrasse mit Gefälle wird mit Hilfe eines Richtbrettes gelegt. Zuerst müssen Sie bestimmen, wie stark das Gefälle sein soll (nicht weniger als ein Zentimeter Gefälle auf 80 Zentimeter Strecke).

Anleitung:

- Angenommen, Ihr Richtbrett ist 240 Zentimeter lang, so befestigen Sie einen drei Zentimeter dicken Holzblock an dem einen Ende und
- legen das Brett mit dem Block an das untere Ende des Gefälles. Nun können Sie auf der Wasserwaage sehen, wie die Platten liegen.

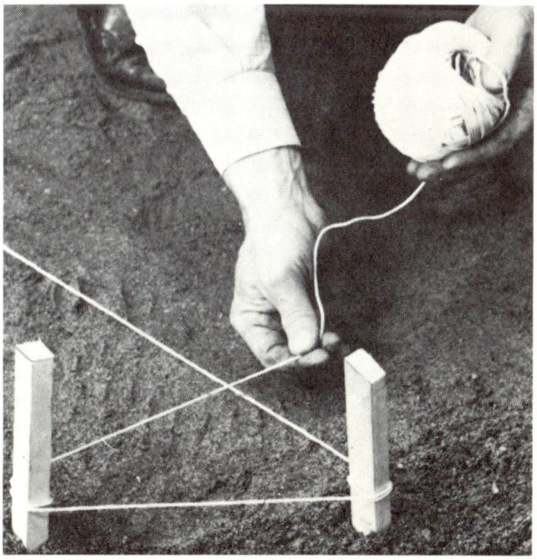

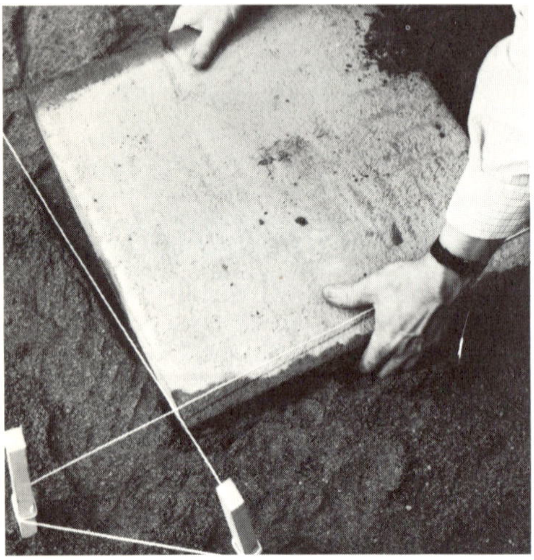

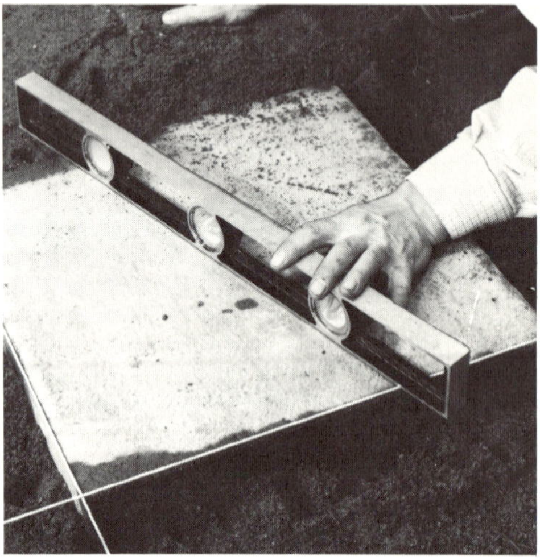

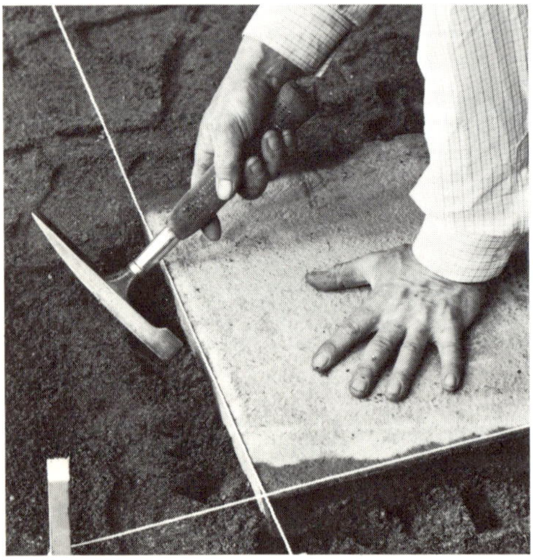

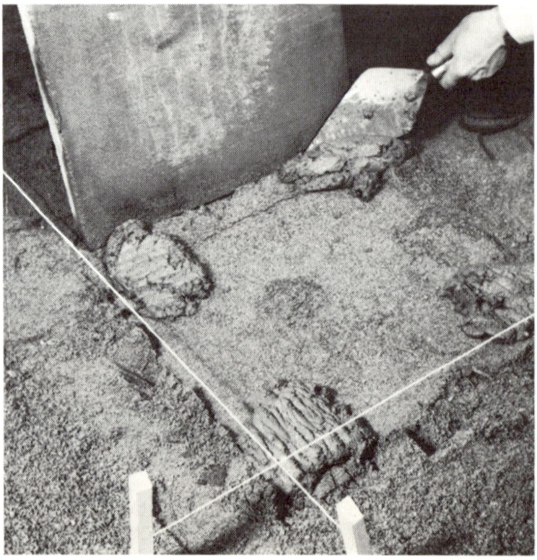

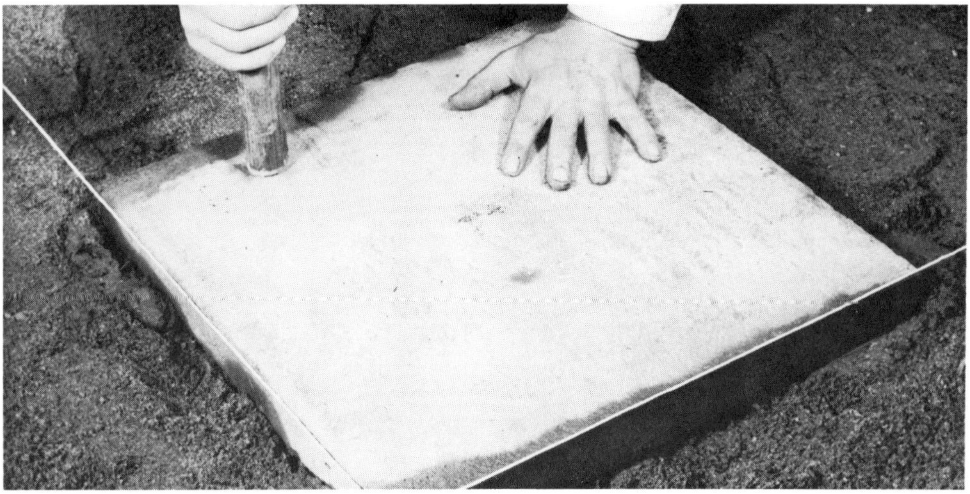

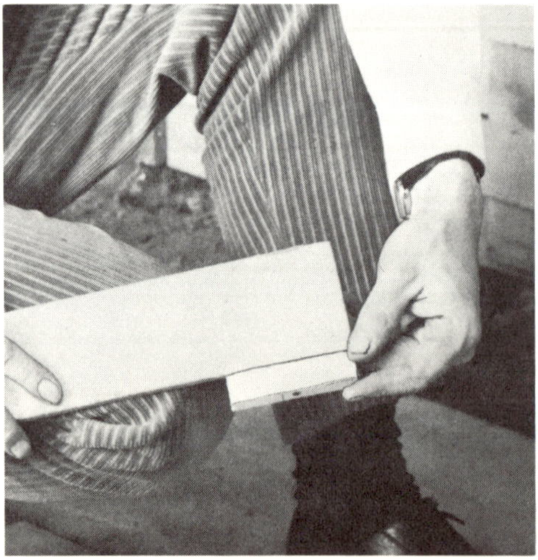

Ein Weg aus Ziegelsteinen

Ziegelsteine mit leichtgetönten Farben, mit strukturierten Oberflächen, oder gebrauchte Ziegel, die durch Verwitterung hübsche Schattierungen erhalten haben, können reizvolle Wege ergeben. Besonders zu konventionellen Gärten passen sie gut. Sie sind nicht schwer zu verlegen, da die einzelnen Steine ziemlich klein und leicht sind. Überdies sind sie ziemlich billig. Man kann mit ihnen auch Wege mit einer erhöhten Mitte bauen. Dies hat den Vorteil, daß Regenwasser schnell abläuft und der Weg bald wieder trocken ist.

Ziegel auf Beton oder Mörtel verlegt, mit Zement in allen Fugen, ergeben einen widerstandsfähigen Weg. Allerdings brauchen die wenigsten Gartenwege so haltbar zu sein. Am besten ist ein Kompromiß, indem Sie unter die Ziegel ein dünnes Mörtelbett und in die Fugen Sand geben. So können auch Kriechpflanzen zwischen den Ziegeln wachsen.

Anleitung:

Bereiten Sie zuerst das Fundament vor, wie es im vorigen Kapitel beschrieben wurde. Ziegel sind am haltbarsten, wenn sie auf einer mindestens 15 Zentimeter starken Schicht aus gebrochenen Steinen mit einer drei Zentimeter starken Sandauflage verlegt werden. Sie sind jedoch selbst schon so dick, daß man sie dort, wo die Belastung nur leicht ist, einfach auf ein gerammtes Bodenfundament legen kann. In diesem Fall graben Sie ungefähr fünf Zentimeter tiefer als die Stärke der Ziegel und harken eine fünf Zentimeter hohe Sandschicht über den gerammten Untergrund.

Wollen Sie einen in der Mitte erhöhten Weg anlegen, so muß auch schon das Sandbett gleichmäßig gewölbt sein. Damit diese Kurve über die ganze Weglänge dieselbe bleibt, müssen Sie sich ein gebogenes »Formbett« anfertigen.

Anleitung:

- Nehmen Sie ein etwa drei bis fünf Zentimeter starkes Holzbrett, dessen Länge der Wegbreite entspricht. Nageln Sie an die beiden Enden schmale Holzblöcke und befestigen Sie dazwischen ein dünneres elastisches Brett, das Sie in der Mitte ebenfalls annageln. Mit diesem Brett können Sie gleichmäßige Wölbungen im Sandbett herstellen.
- Treten Sie den Sand fest und ziehen Sie dann den »Former« über die Sandfläche;
- klopfen Sie dieses Bett mit dem »Former« fest und benutzen Sie dazu stets ein Trittbrett, um den Sand beim Arbeiten nicht wieder durcheinanderzubringen;
- legen Sie nun den ersten Kantstein. Die Ziegel an der Kante werden immer in Mörtel verlegt;
- bringen Sie mit einer Schaufel feuchten Mörtel an die Wegränder und glätten Sie ihn leicht mit der Schaufelspitze;
- drücken Sie die Ziegel am Rand fest und lassen Sie stets ein Zentimeter Zwischenraum. Dadurch kann das Wasser ungehindert in die Ränder an der Seite fließen;
- klopfen Sie die Ziegel gleichmäßig in ihr Mörtelbett;
- mischen Sie nun einen wesentlich weicheren Mörtel, im Verhältnis von einem Teil Zement zu fünf oder sechs Teilen Sand. Anstelle von Zement können Sie auch Kalk verwenden, was eventuell billiger ist; schütten Sie diesen flüssigen Mörtel mit einem Eimer über die Oberfläche des Fundamentes . . .
- und verteilen Sie ihn gleichmäßig ein Zentimeter stark;
- legen Sie die Ziegel im gewünschten Muster auf den Mörtel. Auf den Bildern sind die Ziegel flach verlegt worden, für stärkere Belastung oder andere Muster können Sie die Steine aber auch hochkant stellen;
- klopfen Sie die Ziegel mit Hilfe eines Holzblocks und eines Hammers gut in ihr Mörtelbett hinein. Arbeiten Sie quer über den Weg und verwenden Sie an der anderen Kante einen festeren Mörtel.
- Das »Formbrett« kann auch zum Prüfen der Wölbung der Ziegel verwendet werden; die zu hoch liegenden Steine werden hineingeklopft und unter die zu tief liegenden wird noch etwas Mörtel gegeben. Verlegen Sie nur einen Quadratmeter Weg auf einmal, so daß Sie alles gut erreichen können.
- Streuen Sie eine Schicht feinen trockenen Sandes über die Oberfläche;
- kehren Sie den Sand anschließend gut in die Fugen. Lassen Sie dem Weg mindestens eine Woche Zeit zum Setzen und wiederholen Sie dann nochmals das Sandstreuen und -kehren. Oft ist es nützlich, den Weg gelegentlich mit Wasser zu überspülen.

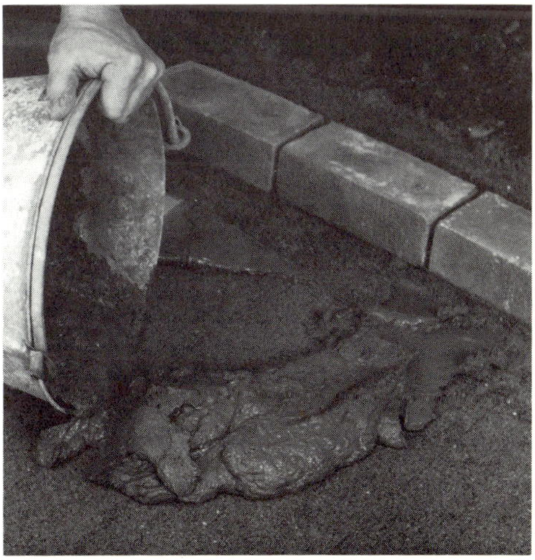

Kombinierter Ziegelstein- und Betonplattenweg

Oft können Sie ungewöhnliche Effekte erzielen, wenn Sie zwei verschiedene Steinarten miteinander kombinieren. Dies erfordert einige Vorsicht, da nicht alle Materialien miteinander harmonieren. Man kann zum Beispiel nicht Naturstein mit grauen Betonplatten vereinen. Dagegen kann strukturierter Beton oftmals mit Ziegeln verwendet werden.

Solche Wege sind leicht zu legen und können später ohne weiteres abgeändert werden.

Anleitung:

- Bereiten Sie das Fundament vor und glätten Sie das Sandbett in der oben beschriebenen Weise;
- beginnen Sie mit einer einzelnen Reihe Ziegelsteine, die Sie, Breitseite an Breitseite, entlang der Wegmitte legen. Halten Sie Abstände von etwa ein Zentimeter. Stoßen Sie die Steine mit dem Hammerstiel fest in den Sand;
- legen Sie zu beiden Seiten je eine Reihe Ziegel in Längsrichtung. Die Ziegel werden übrigens flach verwendet, falls sie keinen Hohlraum haben (wie man ihn bei Bauziegelsteinen häufig findet). Sonst können Sie dasselbe Muster wählen, nur müssen die Ziegel auf die Kante gestellt werden;
- an den Seiten müssen Sie nun mehr Sand aufbringen, da die Betonplatten dünner als Ziegelsteine sind.
- Glätten Sie den Sand sorgfältig;
- legen Sie die Betonplatten an die Seiten. Die Platten müssen gut in den Sand gedrückt werden;
- schichten Sie noch weiteren Sand mit dem Maurerhammer unter die Kanten, bis die Platten sicher liegen;
- streuen Sie über die gesamte Oberfläche Sand, damit die Fugen ausgefüllt werden;
- an den Wegrändern muß wieder Erde nachgefüllt werden, damit die Platten nicht abgleiten.

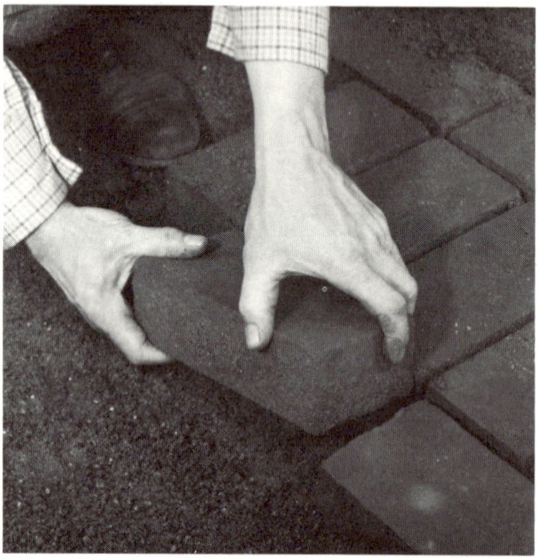

Ziegelsteinmuster

Schon seit Jahrhunderten gibt es Ziegelsteinwege und -höfe; zuweilen ist es reizvoll, etwas kompliziertere Muster zu legen und dabei auch anderes, ähnliches Material, zum Beispiel Dachziegel, zu verwenden.

Wir zeigen Ihnen hier, wie man den Treffpunkt zweier Wege attraktiv gestalten kann.

Der Unterbau wird wie vorher beschrieben vorbereitet.

Anleitung:

- Setzen Sie genau in die Mitte des Quadrates ein rundes Abflußrohr senkrecht in ein Loch, so daß das obere Ende genau eine Ziegelstärke über den Sand ragt. Legen Sie dann ringsherum einige halbierte Ziegelsteine. Manchmal kann man Dachziegel günstig erstehen. Damit lassen sich die Muster gut variieren. Man verwendet sie hochkant als Markierung. Setzen Sie abwechselnd eine Reihe halber Ziegelsteine und eine Reihe Dachziegel. Halten Sie einen Abstand von einem Zentimeter. Prüfen Sie mit Hilfe eines geraden Holzstückes und einer Wasserwaage, ob die Ziegelsteine oben einigermaßen flach abschließen;
- die Fugen werden gefüllt, indem man reinen, trockenen Sand oder ein trockenes Gemisch aus einem Teil Zement und fünf Teilen Sand darüberstreut;
- der Sand wird nun sorgfältig in die Fugen gefegt;
- wenn Sie in Abständen halbe Ziegelsteine auslassen, so bekommen Sie Pflanzfläche für kleine Kriechpflanzen;
- man kann auch eine ganze Reihe solcher Quadrate aneinandersetzen, dann entstehen große Pflasterflächen in einem Quadratmuster.

Beton mit eingelegtem Muster

Fester Beton ist gewiß das stärkste Material für Wege. Dennoch wollen wohl die wenigsten Gartenbesitzer eintönig graue Gußbetonwege bauen. Wenn wir auf Beton seiner Haltbarkeit wegen angewiesen sind, so müssen wir uns einfach die Mühe nehmen, das Aussehen zu verschönern. Dies kann durch Veränderung der Farbe mit Farbstoff oder gefärbtem Zement geschehen oder durch Veränderung der Struktur durch Bürsten oder Schlagen der Oberfläche.
Befassen wir uns zuerst einmal mit dem Grundverfahren.
Anleitung:
Heben Sie den Mutterboden in üblicher Weise etwa 15 Zentimeter tief ab. Bei Wegen für Kraftfahrzeuge sollten Sie mindestens 20 Zentimeter tief gehen. Bis auf die oberen zehn Zentimeter wird der Graben dann mit zerbrochenen Ziegeln, zerklopften Steinen oder anderem Schutt gefüllt. Zerbrechen Sie die Steine gut und rammen Sie sie fest. Es lohnt sich, diesen Unterbau sich einige Wochen setzen zu lassen, ehe Sie die Betonoberfläche legen. Die Seiten eines Betonweges müssen verschalt werden, solange der Zement feucht ist. Nehmen Sie hierfür gewöhnliche Holzbretter, die von provisorischen Pflöcken gestützt werden. Die Oberkanten der Holzverschalung werden so angebracht, daß sie genau mit der endgültigen Höhe des Weges abschließen;
füllen Sie dann den Zwischenraum zwischen den Brettern mit feuchtem Zement. Lassen Sie ihn mit deren Oberkanten abschließen und schlagen Sie ihn mit einem Brett glatt. Der Beton müßte dann die vorgesehene Höhe haben.
Prüfen Sie dennoch, solange der Beton feucht ist, ob ein Brett abgesackt ist. Bedenken Sie stets, daß Sie gleich beim erstenmal alles richtig machen müssen. Wenn Beton erst einmal hart geworden ist, kann man nur noch mit viel Mühe etwas ändern. Falsch ist es, mit zu nassem Beton zu arbeiten.
Wünscht man eine glatte oder geformte Oberfläche, so wird der Beton in zwei Schichten gelegt. Die erste Lage besteht aus einer Betonmischung mit Kieselsteinen. Sie sollte bis drei Zentimeter unter die obere Kante der Verschalungsbretter reichen. Die übrigen drei Zentimeter werden dann mit Mörtel, der keinen Kies enthält, angefüllt. Diese feinere Oberflächenschicht glättet man mit einem Brett, das an den Oberkanten der Verschalungsbretter entlanggezogen wird. Sie können den feuchten Mörtel entweder bürsten oder »kämmen«, damit er eine andere Struktur erhält. Sie können auch gefärbten Zement oder Farbstoffe verwenden, wodurch Sie lebendige Effekte erzielen.
Die Oberflächenbearbeitung geschieht auf verschiedene Weise. Sie können Quadrate oder Rechtecke oder aber auch unregelmäßige Steine markieren. Eine steife Bürste gibt der noch feuchten Oberfläche eine matte, rauhe Struktur. Einen anderen reizvollen Effekt können zum Beispiel hübsch gefärbte Kiesel erzeugen, die über die noch feuchte Oberfläche gestreut und in den Mörtel gepreßt werden. Die Arbeit muß dann 24 Stunden ruhen. Später wird die Oberfläche mit sauberem Wasser abgespült, damit der Mörtel von den dekorativen Kieselsteinen abgewaschen wird.
Man kann in den feuchten Zement auch größere Kiesel einbetten. Alle diese Methoden sind jedoch mit Vorsicht anzuwenden, da Sie sonst einen etwas künstlichen Effekt erzielen.

Gartenmauern selbst gebaut

Maurer wird man nicht, indem man einfach ein entsprechendes Fachbuch liest; aber es müßte auch einem Amateur möglich sein, eine hübsche, sichere, bis zu einem Meter hohe Gartenmauer selbst zu bauen.

Kleine Konstruktionsfehler sind nicht so schwerwiegend, auch nicht, wenn der Zement einmal nicht so fest ist, wie er eigentlich sein sollte.

Für Gartenmauern finden Ziegelsteine weniger Verwendung als andere Steine oder Beton. Das Ziegelrot fügt sich schlecht zwischen die Grün- und Gelbtöne des Gartens. Besser passen vielleicht gebrauchte Steine mit einer hübschen Patina dazu. Sie sehen auch, mit anderem Material kombiniert, gut aus.

Häufig werden Betongußsteine verwendet. Es gibt sie grau oder getönt. Auch Imitationen von teuren Natursteinen sind zu haben. Sie alle werden genau wie Ziegelsteine verarbeitet.

Mauern im Garten werden häufig zum Abstützen von Erdterrassen gebraucht. Der Bau solcher Stützmauern ist zwar nicht sehr schwer, jedoch sollten Amateure nicht höher als 80 Zentimeter bis ein Meter bauen. Besonders bei Lehmböden ist der Druck hinter der Mauer ganz beträchtlich, und es braucht schon erhebliche Geschicklichkeit, Stufen und Bankette zu sichern. An sanfteren Hängen können Sie niedrige, abfallende Stützmauern aus zementierten Betonblökken oder sogar Trockensteinmauern bauen.

Mauern aus behauenem Naturstein

Behauene Steinblöcke sind nicht immer ganz regelmäßig in der Größe, aber im allgemeinen haben sie in etwa parallele Ober- und Unterseiten und rechtwinklige Ecken. Die Rückseiten der Blöcke können rauh und unregelmäßig sein, die Vorderseite sollte jedoch flach oder leicht erhöht gemeißelt sein. Am billigsten für Sie ist es natürlich, wenn Sie sich die Steine selber zurechtmeißeln. Die Arbeit kostet sehr viel Zeit, so daß Sie nicht damit rechnen können, alles rasch zu erledigen. Natursteinmauern werden genauso gebaut wie Trockenmauern mit Erde, nur wird anstelle von Erde Zement verwendet. Um sich das wertvolle Natursteinmaterial zu sparen, verwendet man im allgemeinen für das Fundament Ziegelsteine und billige Betonblöcke.
Die Steine müssen dann aber ringsherum behauen sein, damit sowohl Rück- als auch Vorderseite gut aussehen. Solche »zweiseitigen« Steine sind teurer und sollten nur für niedere Mauern verwendet werden.
Besonders gut eignen sich behauene Steine für die Außenseite von Stützmauern. An der Innenseite können solche Mauern ganz aus alten Ziegeln oder Betonblöcken gebaut werden. Nur die Sichtseite ist dann aus behauenen Steinen gefügt.
Anleitung:
Bereiten Sie zuerst ein festes Betonfundament wie oben beschrieben vor. Dieses muß mindestens so breit wie die Mauerbasis und wirklich eben sein;
legen Sie Betonblöcke oder Ziegelsteine etwa zwei bis drei Zentimeter unter die Bodenoberfläche;
bringen Sie ein ziemlich dickes Mörtelbett darauf und pressen Sie die erste Steinreihe hinein. Die Steine werden mit Mörtel verbunden. Achten Sie jedoch darauf, daß kein Mörtel an die Steinvorderseiten kommt. Es ist nämlich beinahe unmöglich, Zementspuren nach dem Trockenwerden zu entfernen. Oft ist es ratsam, den Mörtel nicht bis an die Steinvorderseite zu bringen, so daß vorne enge Lücken zwischen den Steinen bleiben.
Wenn die Mauer fertig ist, werden diese Ritzen vorsichtig mit ziemlich trockenem Mörtel gefüllt, der eventuell denselben Farbton wie die Steine hat. Nehmen Sie dafür eine schmale Kelle.
Wie bei allen Natursteinmauern sollte die Vorderseite etwas nach rückwärts geneigt sein, so daß die Mauer unten etwas dicker als oben ist.
Wichtig ist die Abdeckung. Entgegen ihrer anscheinenden Haltbarkeit sind Sand- und Kalkstein gegen Regen und Frost empfindlich. Versuchen Sie, das Innere Ihrer Mauer frei von Wasser zu halten; am besten decken Sie die Mauer mit Natursteinplatten ab. Diese sollten an jeder Seite drei Zentimeter überstehen.
Wenn Ihnen das zu teuer wird, können Sie als Alternative die Mauer oben mit einem unregelmäßigen Pflaster abdecken, das Sie in ein Mörtelbett verlegen. Zementieren Sie alle Fugen fest.
Da Naturstein so kostspielig ist, entscheiden sich viele Gartenliebhaber für Betonblöcke. Man kann sie heute in natursteinähnlichen Farben und Strukturen kaufen. Sie lassen sich praktisch für alle Gartenmauern verwenden.

Ziegelsteinmauern

Nehmen Sie dafür lieber keine frischgebrannten Ziegelsteine, da ihre Farbe zu sehr von den Pflanzen absticht, sondern verwitterte Steine aus einem Abbruchhaus oder andere Steinarten mit reizvollen Strukturen und Farben. Wir zeigen hier die einfachste Art einer Ziegelsteinmauer: eine Mauer, die nicht sehr hoch ist. Eine solche Mauer sollte nicht höher als 80 Zentimeter sein, Stützmauern sogar nur 60 bis 70 Zentimeter. Sie müssen jedoch immer in doppelter Reihe und nach rückwärts geneigt angelegt werden.
Wie bei allen Mauern ist ein stabiles Fundament die Voraussetzung für ein gutes Gelingen. Die Fundamentbreite sollte mindestens doppelt, besser jedoch dreimal so breit wie die Ziegelsteine sein. Das Mauerfundament sollte nach oben mit fest in den Boden eingefügten Betonplatten abschließen. Achten Sie darauf, daß die Platten auch eben liegen.
Anleitung:

- Spannen Sie über die gesamte geplante Mauerlänge zwei Schnüre in einer Ziegelsteinbreite Abstand;
- mischen Sie Mörtel aus einem Teil Zement und vier Teilen weichem Sand; fügen Sie soviel Wasser hinzu, daß der Mörtel gerade gut zu verarbeiten, aber keinesfalls zu feucht ist. Ein Weichmacher ist sehr praktisch, durch diese Chemikalie ist der Mörtel besser zu verarbeiten. Streichen Sie eine kleine Schaufel voll Mörtel sauber zwischen die beiden Schnüre;
- ziehen Sie die Schnüre auseinander und legen Sie Ihren ersten Ziegelstein vorsichtig dazwischen auf den Mörtel;
- drücken Sie den Stein mit mäßigem Handdruck nach unten. Wenn es sehr schwer geht, dann ist der Mörtel vielleicht zu trocken. Meistens ist ein selbstgemischter Mörtel sehr weich, und unter Druck tritt Wasser aus. Ist das der Fall, dann fügen Sie mehr Trockenmaterial (Sand, Kalk oder Zement) hinzu, bis die Konsistenz fest geworden ist;
- zum Schluß kann ein Schlag mit dem Holzgriff eines Werkzeuges den Stein in die richtige Lage bringen;
- prüfen Sie mit der Wasserwaage, ob der erste Stein gerade liegt;
- legen Sie dann einen zweiten Stein quer auf den ersten, wobei die Schnüre an jeder Seite darunter durchlaufen;
- schieben Sie die Schnüre so an den Pflöcken hinauf, daß sie durch den oberen Ziegel straffgezogen werden und im Breitenabstand genau mit den Kanten des unteren Steines übereinstimmen. Wiederholen Sie den ganzen Vorgang auf der anderen Seite der Mauer.
- Nehmen Sie nun eine halbe Kelle voll Mörtel und halten Sie diese, wie es die Abbildung zeigt, an eine schmale Seite des nächsten Ziegelsteins;
- streichen Sie mit der Kelle bis zur Kante,
- kratzen Sie den Mörtel halb weg und streichen Sie die andere Hälfte an der anderen Kante ab;
- nun haben Sie an jeder Kante einen Mörtelklecks;
- drücken Sie diesen Stein mit der »Mörtelseite« an den ersten Mauerstein, damit sich der Mörtel verteilt;
- beseitigen Sie mit der Kelle den überflüssigen Mörtel unten vom Ziegelstein;
- tun Sie das gleiche oben, wo der Mörtel zwischen den beiden Steinen herausgequetscht worden ist;
- legen Sie an jedem Ende der Mauer vier bis fünf Steine. Bringen Sie dann ein Mörtelbett für eine zweite Reihe auf;
- mit der Kelle können Sie den Mörtel auf Steinbreite drücken;
- beginnen Sie diese zweite Reihe mit einem halben Stein (man halbiert Ziegel mit einem breiten Meißel und einem schweren Hammer);
- durch diesen halben Stein liegen die Fugen zwischen den Steinen nicht direkt übereinander, sondern versetzt. Dadurch wird die Mauer verstärkt.
- Beseitigen Sie überflüssigen Mörtel sofort, da er sonst Spuren auf der Mauer hinterläßt, die sich im trockenen Zustand nur schwer entfernen lassen;
- schieben Sie die Schnüre weiter nach oben, klemmen Sie sie dieses Mal unter dem Querstein eng an die Kanten des unteren Steines. Bei niederen Mauern brauchen die Schnüre nicht mehr weiter nach oben versetzt zu werden;
- prüfen Sie die fertigen Reihen, ob sie eben sind, und entfernen Sie die Schnüre;
- an den Mauerenden verringern Sie die Zahl der Ziegelsteine jeweils um einen halben Stein bei jeder Reihe;
- bauen Sie die Außenenden gerade hinauf und prüfen Sie bei jeder Reihe, ob die Mauer auch senkrecht nach oben wächst;
- ziehen Sie nach Beendigung jedes Abschnittes

die Schaufelspitze an den senkrechten Fugen hinauf und dann entlang den waagrechten Fugen;

- drücken Sie die Oberkante der Schaufel etwas unter die Unterkante des oberen Steines, damit der Mörtel schräg nach innen verläuft. Dadurch läuft das Regenwasser aus den Fugen heraus;
- fegen Sie zum Schluß den überschüssigen, halbtrockenen Zement von der Vorderseite der Ziegelsteine;
- bauen Sie die beiden Außenseiten der Mauer bis zur vollen Höhe, ehe Sie die Lücke dazwischen füllen. Unregelmäßigkeiten fallen am meisten an den Enden auf. Außerdem können die fertigen Reihen nun dazu dienen, die Richtschnüre zu befestigen. Auf diese Weise können die Reihen entlang der ganzen Mauer eben gehalten werden. Prüfen Sie jedoch weiterhin das Niveau, damit sich die Reihen auch treffen;
- streichen Sie beim allerletzten Stein die Enden bereits liegender Steine;
- drücken Sie den letzten Stein dazwischen, und zwar von vorne her;
- klopfen Sie ihn nur noch in die gewünschte Lage.

Denken Sie bei drohendem Frost sowie bei sehr heißem und trockenem Wetter stets daran, eine frische Mauer abzudecken. Sie können dazu Betonplatten – eventuell in Natursteinimitation – verwenden.

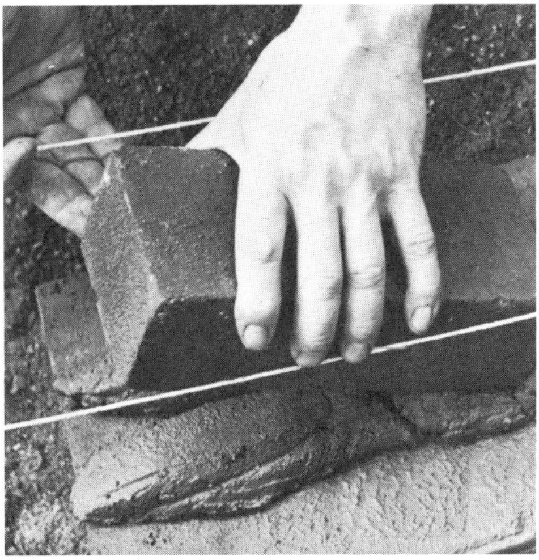

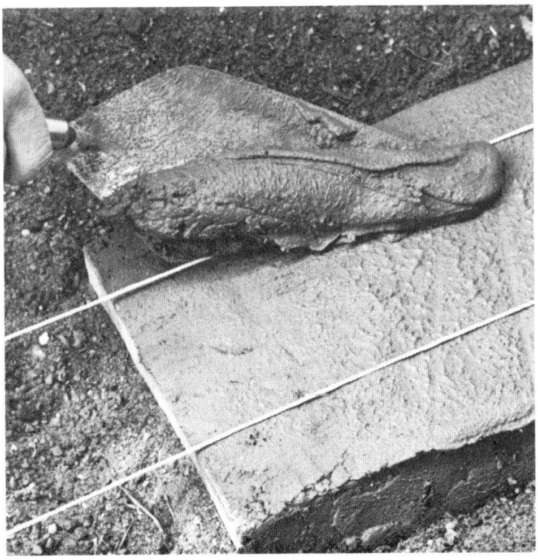

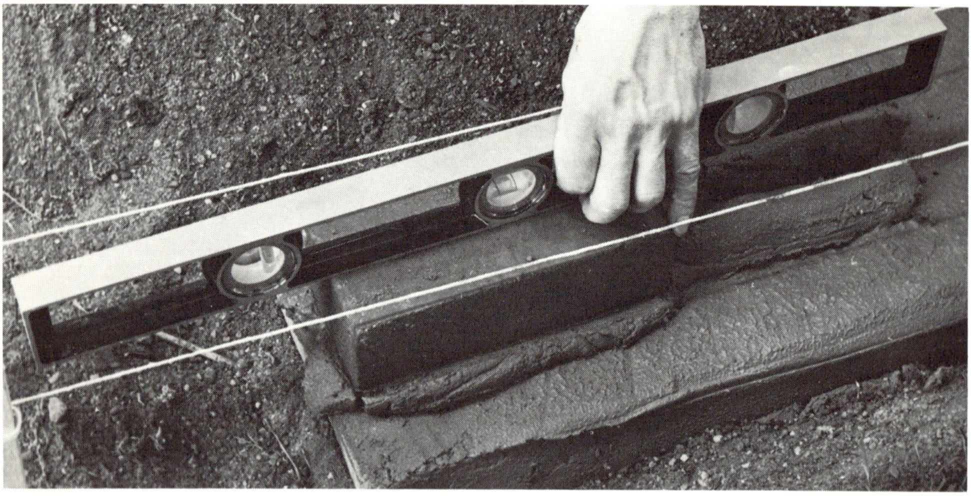

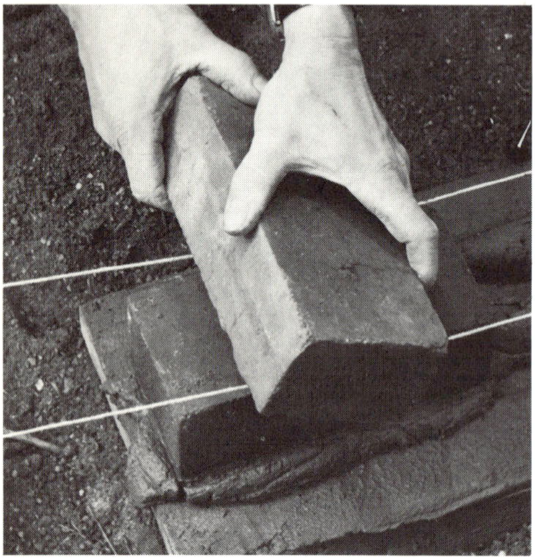

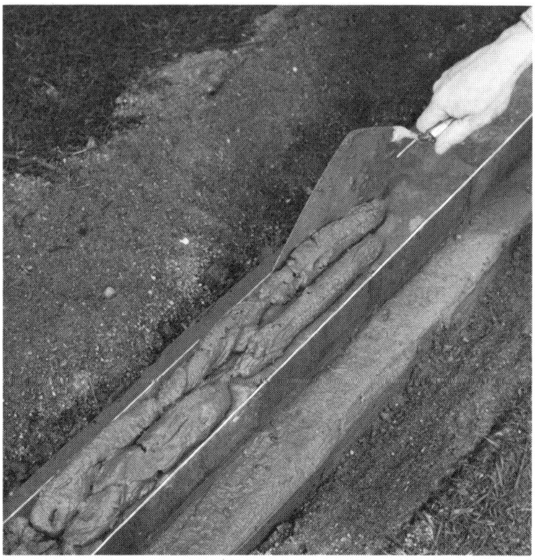

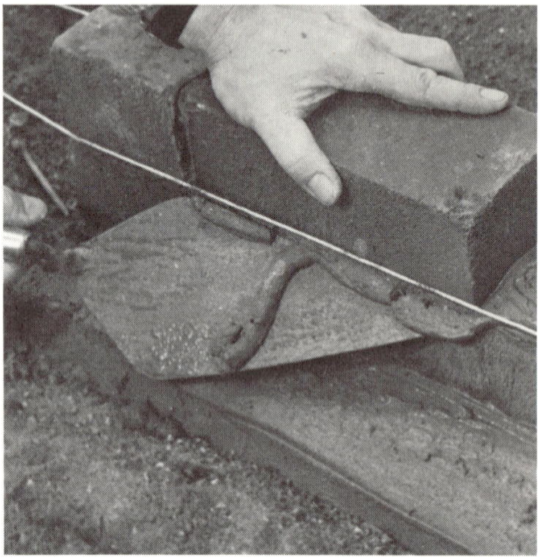

Stufen, die ins Grüne führen

Wozu Gartentreppen?

Nur wenige Gärten sind völlig eben, viele haben ein leichtes Gefälle. Dort sind dann oft Stufen nötig. So können zum Beispiel Treppen sehr hübsch über eine Stützmauer zu einer Terrasse führen.
Es ist zwar nicht schwierig, Treppen für den Garten zu bauen, aber sie müssen natürlich so widerstandsfähig sein, daß sie jederzeit sicher zu begehen sind. Auch das Material muß dafür geeignet sein. Verwenden Sie für Treppen niemals glatte Steinblöcke zum Beispiel aus einem Steinbruch, die bei Nässe sehr glitschig werden. Zwei verschiedenen Zwecken kann eine Gartentreppe dienen:
Einmal kann sie rein dekorative Zwecke erfüllen. Meistens wird man sie aus Natursteinen, mit kleinen Pflanzen dazwischen, bauen. Sie kann in Kurven geführt und in verschiedenen Mustern entworfen werden.
Die zweite Treppenart dient allein dem Zweck, Höhenunterschiede rasch und sicher zu überwinden. Besonders steile Gärten kommen hierbei in Frage. Da es sich dabei meist um eine längere Treppenflucht handelt, muß die Konstruktion fest und witterungsbeständig sein. Am besten eignen sich dafür Beton oder Betonplatten. Die Stufenhöhe hängt natürlich von dem Gefälle des Geländes ab. Für Höhe und Breite der Treppen gibt es eine ganz einfache Regel: Unabhängig vom Gefälle sollten die Stufen stets so angeordnet sein, daß die doppelte Höhe plus die Breite einer Trittfläche etwa 65 bis 70 Zentimeter ergeben.

Treppen aus Naturstein

Am besten paßt Naturstein in den Garten. Fertig geformte und gesägte Platten sind kostspielig; Sie können jedoch einfach Steine aus dem Steinbruch verwenden. Sand- oder Kalkstein eignet sich am besten. Sie brauchen dicke Blöcke für die senkrechten Stufenteile und ziemlich dünne Platten für die Trittflächen.
Die genauen Maße jeder Stufe hängen vom Gefälle des Hanges und der Anzahl der Stufen ab. Errechnen wir anhand der vorher angeführten Faustregel an einem Beispiel die Maße: bei einer Stufenhöhe von 15 Zentimeter beträgt die Breite jeder Trittfläche 35 Zentimeter.
Anleitung:

- Entfernen Sie die Rasenoberfläche vom Hang; heben Sie dabei die Soden ab und schaufeln Sie dann den Mutterboden darunter weg;
- graben Sie die Stufen in den Boden. Jede Stufe sollte ungefähr 15 Zentimeter weiter nach hinten gegraben werden, als die fertige Stufe nachher Raum einnimmt. Diesen Zwischenraum brauchen Sie für die senkrechten Steinblöcke;
- heben Sie den Boden am unteren Treppenbeginn mindestens 15 Zentimeter tief aus, damit ein festes Fundament gelegt werden kann;
- schichten Sie in diesem Graben zehn Zentimeter hoch Schutt und zerbrochene Steine
- verteilen Sie darüber eine Schicht Mörtel (aus einem Teil Zement und drei Teilen grobem Betonsand). Glätten Sie den Mörtel mit einem kurzen Holzbrett. Die Schicht sollte um die Stärke eines Trittsteines plus einem Zentimeter für dessen Mörtelbett unter dem endgültigen Niveau liegen;
- dieser Fundierungsbeton sollte drei Tage Zeit zum Trocknen haben. Verteilen Sie dann zwei Zentimeter weicheren Mörtel über die Oberfläche. Für diesen Mörtel verwenden Sie am besten weichen Bausand;
- ziehen Sie den Mörtel an den Grabenaußenseiten nach oben;
- die Stufen brauchen an den Seiten Abstützungen, damit der Boden nicht auf die Tritte rutschen kann. Man preßt Steine in den noch feuchten Mörtel, so daß ihre Oberkanten im richtigen Winkel liegen;
- dann werden die Platten für den unteren Teil der Treppe verlegt. Sie verfahren dabei wie beim Natursteinpflaster: Die Platten werden in den feuchten Zement gepreßt und dann mit dem Hammerstiel geradegeklopft;

- glätten Sie mit einer kleinen Kelle den Zement zwischen den Fugen. Am besten läßt man diese erste Grundstufe zuerst trocknen, ehe man mit dem ersten senkrechten Stein beginnt.
- Streichen Sie dann eine etwa drei Zentimeter dicke Schicht Mörtel (wieder aus weichem Sand) über den gesamten hinteren Teil der Stufe. Achten Sie darauf, daß dieser Mörtel auf die Steine der Trittfläche verteilt wird;
- wählen Sie die Blöcke für den senkrechten Teil sorgfältig aus, nehmen Sie stärkere und annähernd gleichmäßig dicke Steine. Pressen Sie sie fest in den feuchten Mörtel.
- Kleinere Stücke und Abfallteile werden zum Auffüllen hinter die vorderen Blöcke gesteckt. Das Ganze wird dann gut zusammenzementiert.
- Auf die fertige senkrechte Front wird eine zwei bis drei Zentimeter dicke Schicht Mörtel gestrichen;
- die seitlichen Stützsteine werden gelegt und dann die nächste Trittkante verlegt;
- die Vorderkante jedes Trittes sollte um etwa zwei Zentimeter über die senkrechten Blöcke ragen. Diese Steine müssen besonders fest zementiert werden, da sie der größten Belastung ausgesetzt sind.
- Arbeiten Sie so weiter, bis die Treppe fertig ist. Geben sie dann Mörtel in die Fugen und füllen Sie diese auf, bis sie ungefähr mit den Steinen abschließen;
- durch sorgfältiges Kehren wird der überschüssige Mörtel entfernt; man sollte jedoch keinen Rohzement auf die Natursteine bringen, da Flecken entstehen können.

Wir gießen unser Baumaterial selbst

Betonblöcke und -platten sind so teuer, daß man sich überlegen sollte, ob man sie nicht selbst herstellt. Die Kosten für Zement, Sand und Kies für Betonsteine sind wesentlich geringer als für fertige Steine. Wir können also eine Menge Geld sparen.

Für unseren Garten stellen wir einfaches Steinmaterial her, zum Beispiel Platten, und einfache Blöcke für Pfosten und Mauern. Ein idealer Werkstattraum für diese Arbeit ist eine große Garage mit einem ebenen, glatten Betonboden. Hier steht eine Arbeitsfläche mit bequemem Zugang für den Schubkarren zur Verfügung.

Das Mischen des Betons ist der schwerste Teil der gesamten Arbeit. Man muß dabei sehr sorgfältig vorgehen, das heißt, die verschiedenen Materialien müssen mehrmals gründlich miteinander vermengt werden. Zuerst muß trocken gemischt werden, dann gibt man Wasser hinzu, und schließlich wird der feuchte Stoff in die Formen gefüllt. Wir raten Ihnen, nicht zu viele Platten auf einmal machen zu wollen.

Natürlich werden die Platten desto schwerer, je größer sie sind. Für Gartenzwecke empfehlen wir Ihnen, sich für die Größe von etwa 50×75 Zentimeter zu beschränken.

Gußsteine werden im wesentlichen für zwei Zwecke verwendet: entweder als große, dünne Platten für Pflaster oder als kleinere dicke Blöcke für Mauern. Beide Arten stellt man mit Hilfe von Holzformen auf einem geeigneten glatten Untergrund her; dorthinein wird der gutgemischte Beton oder Mörtel gegossen. Nach dem Trocknen wird der Stein aus der Form genommen oder die Form wird gelockert und weggezogen.

Will man viele Steine in einzelnen kleinen Formen machen, so dauert das sehr lange. Deshalb wählt man eine andere Methode, bei der mehrere Steine auf einmal gegossen werden. Bauen Sie eine größere Form auf dem Boden auf und verteilen Sie den Beton gleichmäßig darin. Bevor dann die Masse völlig getrocknet ist, wird sie in Rechtecke geschnitten. Auf diese Weise können Sie verschieden große Steine schneiden, ohne daß mehrere Formen notwendig sind. Auch die verschiedenen Farbtöne und Strukturen, wie sie bei im Handel erhältlichen Platten zu finden sind, kann man selbst erreichen, indem man zum Beispiel Farben oder gefärbten Zement in die Betonmischung gibt. Man kann auch in die noch feuchte Oberfläche Strukturen oder Muster einarbeiten, entweder um Naturstein zu imitieren oder um andere interessante Effekte zu erzielen. Der bekannte Waschstein wird hergestellt, indem man kleine Kieselsteine in den noch feuchten Beton hineindrückt und dann die Oberfläche abwäscht.

Platten

Einzelne Formen werden verwendet, wenn man Waschsteinplatten oder sehr exakte Maße gießen will. Außerdem darf der Betonmischung im Falle der »Massenproduktion« kein Kies beigefügt werden, sondern lediglich ein Teil Zement und drei Teile scharfer Betonsand. Werden mehrere Platten gleichzeitig in einer großen Form hergestellt, so geraten sie zwar etwas unregel-mäßig, aber dadurch wird ihr Reiz für Gartenzwecke erhöht.

Anleitung:

- Wählen Sie eine ebene Stelle in Ihrem Garten und bringen Sie zwei bis drei Zentimeter Sand auf die benötigte Fläche auf;
- harken und treten Sie ihn fest, glatt und eben;
- prüfen Sie mit der Wasserwaage, die Sie auf eine gerade Holzleiste legen, die Ebenheit des Bodens. Das Holz überbrückt kleine Unebenheiten;
- stellen Sie nun die Form auf. Dazu brauchen Sie vier gerade Holzleisten der Stärke etwa 8 × 2,5 Zentimeter. Die genauen Abmessungen der Form spielen keine Rolle, versuchen Sie jedoch nicht, mehr als zwei bis drei Quadratmeter Platten in einem Arbeitsgang zu gießen. Man kann ungefähr diese Menge Beton bequem auf einmal mit der Hand mischen. Stellen Sie die Holzleisten im Rechteck auf. Benutzen Sie flache Trittbretter zum Arbeiten, damit die Sandfläche nicht zertreten wird;
- stützen Sie die Ecken der Form durch Pflöcke, an die Sie die Leisten provisorisch annageln;
- die Form sollte genau rechtwinklige Ecken haben. Zum Prüfen leistet ein großes Winkeldreieck gute Dienste; Sie können es leicht selber machen, indem Sie drei Holzstücke im Verhältnis drei zu vier zu fünf zu einem Dreieck zusammenfügen. Die Bauanleitung finden Sie in dem DVA-Gartenprogramm »Holzarbeiten in meinem Garten«.
  Legen Sie das Dreieck in die Form, um die rechten Winkel zu prüfen. (Die Ecke gegenüber der längsten Seite bildet einen rechten Winkel.) Sie können auch die Diagonalmaße von Ecke zu Ecke nehmen. Beide Diagonalen müssen genau gleich lang sein;
- streuen Sie nun eine Schicht von etwa zwei Zentimeter trockenen Sandes über den Boden der ganzen Form;
- ebnen Sie den Sand mit der Harke ein;
- befestigen Sie an einer Holzlatte, die in der Länge über die Form hinausragt, ein kürzeres Holzstück, das genau in die Form hineinpaßt und dieselbe Stärke wie die zukünftige Platte haben soll;
- legen Sie das Ganze in die Form und ziehen Sie es so hindurch, daß der Sand genau in der gewünschten Höhe geglättet wird;
- markieren Sie die Formkanten in regelmäßigen Abständen, die der Größe Ihrer zukünftigen Platten entsprechen. Diese Markierungen dienen als Orientierung für das Schneiden;
- verteilen Sie von einem Brett aus gutgemischten, nicht zu feuchten Mörtel in die Form;
- stoßen Sie ihn vorsichtig mit der Schaufelspitze auseinander, bis er gleichmäßig verteilt ist;
- streichen Sie nun mit der längeren Holzleiste den Mörtel in einer Ebene mit den Formrändern glatt;
- schlagen Sie dann die Oberfläche, um eine geriffelte Struktur zu erhalten, indem Sie die Holzleiste in ganz kurzen Abständen hin und her rücken. In der Praxis werden Sie die beste Methode schnell selbst herausfinden. Für Platten, die im Garten Verwendung finden, eignet sich eine solche Oberfläche besser als eine glatte.
- Entsprechend der Temperatur wird der Mörtel nach zwei bis vier Stunden allmählich hart werden. Legen Sie eine Holzleiste als Lineal an die Markierungen der Form an und ziehen Sie die Kellenspitze gerade durch den Mörtel bis zum Sandbett darunter (wie beim Schneiden einer Torte). Obwohl der Mörtel noch feucht ist, verbinden sich die Ritzen nicht wieder im Laufe des Härtens;
- nach 24 Stunden (besser nach drei oder vier Tagen) können Sie die Stützpflöcke der Form herausschlagen;
- die Form löst sich dann sauber von den Kanten der Platte;
- bei festhaftenden Brettern kann man mit einem leichten Hammerschlag nachhelfen;
- schieben Sie nun einen Spaten unter die Platten; diese lassen sich dann in der vorgezeichneten Form leicht aus dem Verbund lösen;
- stellen Sie die Steine aufrecht an eine Mauer, damit sie mindestens drei Wochen hart trocknen können. Mörtel wird erst etwa vier Wochen nach dem Gießen ganz fest.

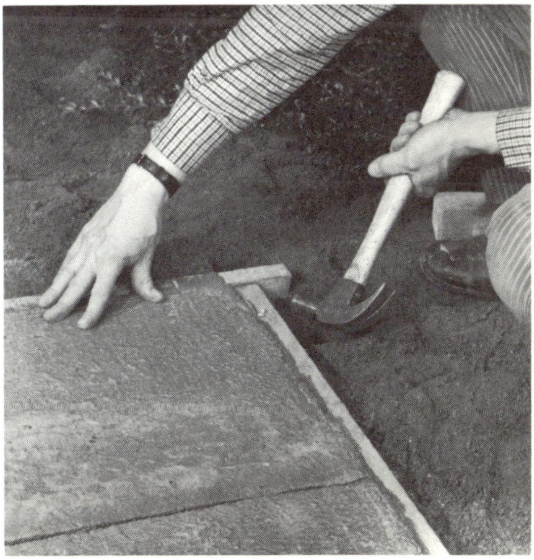

Mauersteine

Mauersteine haben dem Zweck ihrer Verwendung gemäß eine andere Form als Platten: sie sind schmäler, kürzer und höher. Das bedeutet, daß die Gießform für Mauersteine auch höher sein muß als die für Platten. Außerdem braucht man wegen des größeren Gewichtes der Steine einen solideren und glatteren Untergrund als ein bloßes Sandbett. Die Herstellungstechnik für glatte und rauhe Steine ist ohne Unterschied, da die Oberflächenstruktur erst während des Trocknungsprozesses berücksichtigt werden muß.
Anleitung:

- Breiten Sie eine Polyäthylenplane auf einem ebenen Untergrund aus (derartige Planen kann man z. B. in einem Baugeschäft kaufen);
- darauf werden die Bretter für die Form gestellt und an den Ecken zusammengenagelt;
- stützen Sie die Ecken zusätzlich mit Ziegelsteinen ab;
- der Mörtel wird in die Form gefüllt,
- mit der Schaufel verteilt
- und mit Hilfe einer Holzleiste gleichmäßig geglättet;
- eine abschließende »Feinglättung« bewerkstelligt man am besten mit der Kelle;
- nun wird der Mörtel zu den gewünschten Formen geschnitten. Erst längs . . .
- . . . dann quer; im Schneiden liegt der große Unterschied zum Verfahren bei den Platten: Die Einschnitte sollen nicht tiefer als ein Drittel der gesamten Formhöhe sein;
- nach 24 Stunden kann die Holzform weggenommen werden;
- heben Sie den Block mit dem Spaten an;
- schieben Sie eine Holzleiste darunter,
- und zwar so, daß die Leiste unmittelbar hinter der gedachten Verlängerung des Einschnittes liegt;
- die Steine lassen sich nun leicht auseinanderbrechen;
- fahren Sie so fort, bis die Steine aus dem Verbund gelöst sind.
- Die Seiten können etwas geglättet werden;
- der Staub wird abgebürstet;
- drei Wochen lang werden die Steine nun zum Trocknen gestapelt;
- vor Regen, Frost und Sonne müssen die Steine mit Polyäthylenfolie geschützt werden;
- einen zusätzlichen guten Schutz vor Witterungseinflüssen bieten Säcke oder alte Dekken, die Sie vielleicht nicht mehr brauchen.

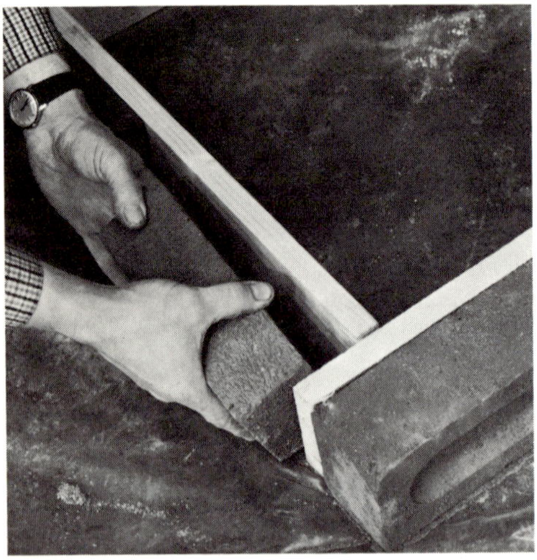

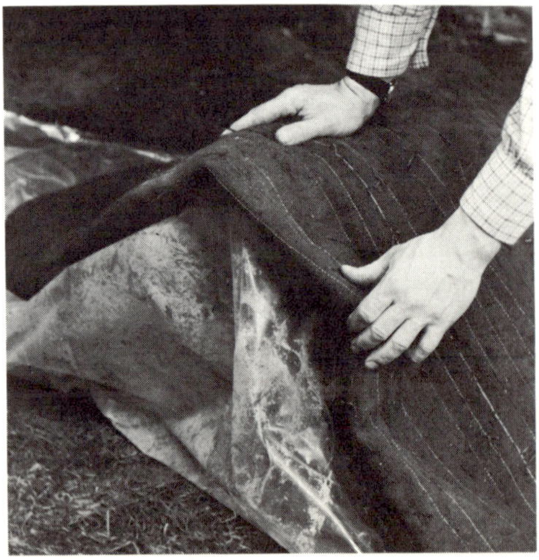

Abschlußsteine für Mauern

Alle Gartenmauern müssen oben mit einer Abdeckung geschützt werden. Dazu eignen sich Abschlußsteine aus Beton, die man selber gießen kann. Am besten verwendet man dazu eine Metallform. Aluminium ist so weich und leicht zu verarbeiten, daß Sie sogar ohne spezielle Werkzeuge eine solche Form selber herstellen können. Der Schnelligkeit halber gießen wir zwei Steine auf einmal in einer einen Meter langen Form. Die Betonmischung wird im selben Verhältnis hergestellt wie die Mischung für Sichtsteine.

Anleitung:

- Wünschen Sie zum Beispiel Steine, die eine Höhe von fünf Zentimetern und eine Breite von 15 Zentimetern haben, so besorgen Sie sich eine Aluminiumplatte mit den Maßen 39 × 100 Zentimeter und ziehen Sie auf dieser Platte sieben parallele Linien. Beginnen Sie auf einer beliebigen Seite in 3,5 Zentimeter Entfernung von der Außenkante. Ziehen Sie die Linien dann jeweils in folgenden Abständen von der zuletzt angelegten Linie: 3,5, 5, 7,5, 5, 3,5 Zentimeter. Die Linie zwischen den beiden großen Abständen muß jetzt die Mittellinie sein.
  Legen Sie dann ein gerades Holzstück so auf das Metall, daß die eine Kante genau in einer Linie mit der Mittellinie verläuft;
- biegen Sie – mit festen Handschuhen – das Metall vorsichtig entlang dieser Mittellinie. Pressen Sie das Holz fest mit der einen Hand auf das Metall. Biegen Sie sich nun den Winkel zurecht, den die Spitze des Steines erhalten soll;
- legen Sie die Holzleiste an die nächste Linie von innen und falten Sie das Metall nach oben, so daß ein Kanal in der gesamten Breite des Steines entsteht. Mit einem Holzhammer kann man den Bug geradeklopfen;
- falten Sie das Metall an den nächstäußeren Bleistiftlinien mit derselben Methode nach außen, so daß die gewünschte Form entsteht. Die genaue Breite und Höhe können Sie natürlich von Anfang an selbst wählen;
- die beiden Seiten der Form werden durch zwei 3,5 Zentimeter breite und etwa sechs Zentimeter hohe Holzleisten abgestützt;
- befestigen Sie das Metall mit kurzen Nägeln an den Holzleisten;
- hämmern Sie nun das überstehende Metall um, damit Sie sich nicht verletzen;
- nageln Sie über die Enden der Form ein kurzes Holzstück in der Höhe der Form;
- stellen Sie die Form auf einen ebenen Untergrund und legen Sie eine Plastikfolie zum Schutz vor Mörtelspritzern unter. Füllen Sie Mörtel ein und klopfen Sie ihn mit der Kelle fest.
- Füllen Sie die Form ganz und ebnen Sie die Masse mit Hilfe eines Holzstückes;
- wenn der Beton angefangen hat, sich zu setzen, schneiden Sie mit der Schaufelspitze durch die Mitte der Form. Dieser Spalt bleibt offen, so daß sich der lange Stein nach dem Trocknen sauber in zwei Stücke teilen läßt;
- sobald der Beton trocken ist, dürfen Sie die Seiten abklopfen;
- die Steine lassen sich sauber herauslösen. Säubern Sie die Form gleich für den weiteren Gebrauch;
- in diesem Stadium lassen sich Unebenheiten gut mit einer Feile ausgleichen;
- man kann die Steine jetzt sogar mit einer alten, großzahnigen Säge zerteilen. Natürlich nutzt sich das Sägeblatt dabei ab; es gibt jedoch keine einfachere Methode, genaue Gehrungen für die Ecken zu machen;
- ritzen Sie den genauen Winkel über das Ende des Steines;
- sägen Sie nun langsam den Zement durch – es geht ganz leicht;
- Sie erhalten eine saubere Bruchseite, die Sie abschleifen können. Die Steine sollten nun mindestens drei Wochen trocken lagern, ehe sie verwendet werden.

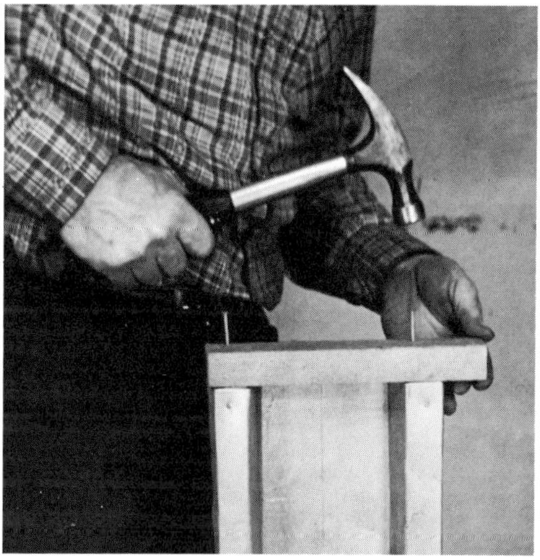

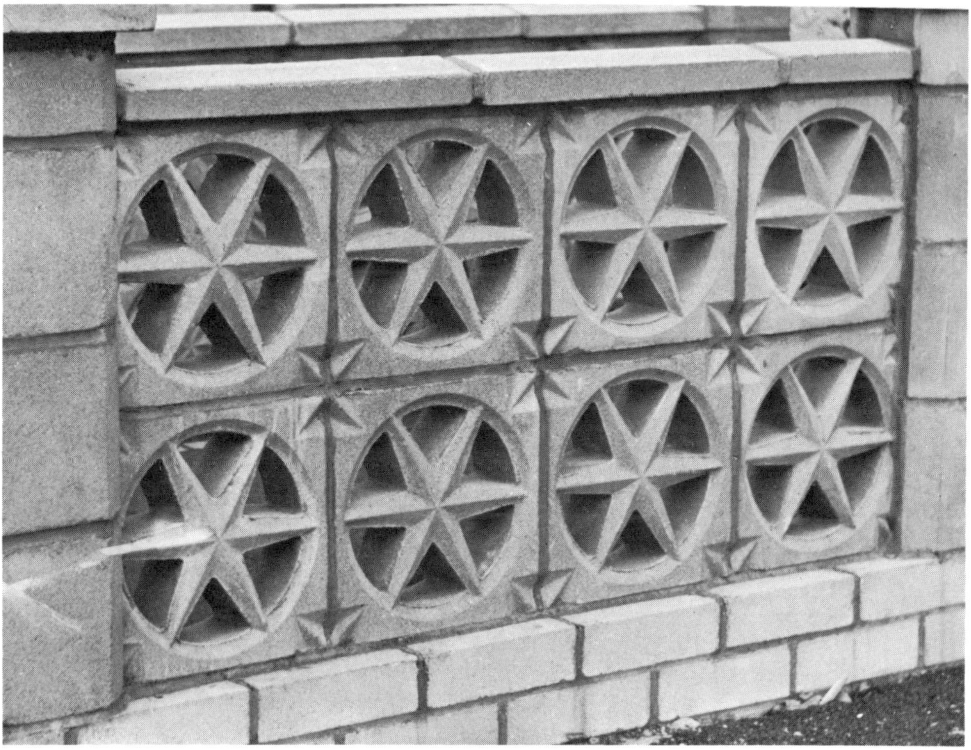

Gartenschmuck aus Stein

Die Blumenschale aus Beton

Es ist nicht ganz leicht, große, runde Formen, wie zum Beispiel Pflanzenschalen oder Brunnenbecken, zu bauen. Nach der sogenannten »Sandform«-Methode können diese Gegenstände dennoch selber hergestellt werden. Dabei wird die Innenform Ihres Gefäßes aus weichem, angefeuchtetem Sand gebaut. Dann wird feuchter Mörtel ringsherum aufgetragen und geglättet. Wenn er trocken ist, kann die fertige Schale sauber abgehoben und das Innere mit Mörtel ausgeglättet werden.

Anleitung:

- Schaufeln Sie mit feuchtem Sand einen Haufen auf, der ungefähr die innere Form Ihrer Schale haben soll;
  der Sand sollte so feucht sein, daß er gut »zusammenbäckt«. Klopfen Sie den Sand mit der Schaufel und den Händen glatt;
- markieren Sie die ungefähre Mitte des Haufens mit einem Stock;
- mit einer Schablone können Sie dem Sand die genaue Form für das Schaleninnere geben. Sie besteht aus einem einfachen Stück Sperrholz, an dessen einer Ecke die gewünschte Innenform der Schale herausgeschnitten ist. Stellen Sie die Schablone auf den Sand, so daß sie den Stock in der Mitte berührt;
- drehen Sie nun die Schablone mit der geformten Seiten in einem weiten Kreis herum;
- auf diese Art entsteht ein ebenmäßig geformter Sandhügel;
- vermerken Sie auf der Schablone die Wandstärke Ihres Gefäßes. Sie können es gut nach Augenmaß tun. Die Schale sollte am Boden dicker als am oberen Rand sein;
- mischen Sie feuchten, aber festen Mörtel und häufen Sie ihn schaufelweise um den Hügel herum;
- machen Sie so weiter, bis der gesamte Sandberg bedeckt ist;
- verstreichen Sie den Mörtel mit einer Kelle gleichmäßig, ohne die Form des Sandhügels zu verändern;
- große Gefäße sollten verstärkt werden. Am besten eignet sich dafür feiner Maschendraht;
- pressen Sie den Draht in den noch feuchten Mörtel;
- geben Sie nun noch mehr Mörtel dazu, so daß der Maschendraht bedeckt wird;
- mit der Schablone können Sie prüfen, ob die Umrisse stimmen. Wenn der Mörtel die Höhe der Schablone erreicht hat, ist die Wandstärke richtig;
- glätten Sie nun die Oberfläche möglichst sauber;
- soll das Gefäß einen glatten Boden haben, so müssen Sie ihn mit einem Holz vorsichtig flachklopfen, nachdem Sie den Mittelstab entfernt haben;
- prüfen Sie mit der Wasserwaage, ob der Boden eben ist. Aber nur wenn der ganze Sandhügel auf einem gleichmäßig flachen Untergrund steht, zeigt die Wasserwaage an, ob der Schalenboden eben ist. Aparte Strukturen können Sie erzielen, wenn Sie den noch feuchten Mörtel zum Beispiel mit einer Bürste streichen oder leicht klopfen. Lassen Sie das Gefäß fünf Tage lang trocknen, bei kaltem Wetter länger, und schützen Sie es gegen Frost und Hitze;
- anschließend können Sie den Sand und Mörtelreste rund um den Schalenrand mit der Kellenspitze beseitigen;
- schieben Sie dann ein Brett unter den Rand;
- dadurch wird die Kante geschützt,
- wenn Sie die Schale mit der Spatenspitze von der Form abheben;
- ist die Schale erst einmal von der Sandform gelöst,
- so können Sie sie mit den Händen hochheben und umdrehen.
- Im Innern wird noch Sand haften. Spülen Sie ihn mit reichlich Wasser ab.
- Streichen Sie nun einen Wulst aus frischem Mörtel um den oberen Rand;
- drücken Sie ihn mit Hilfe der Kelle und einem Stück Holz fest in die gewünschte Form;

- glätten Sie die Oberseite mit der Kelle;
- prüfen Sie mit Hilfe von zwei quer über den Rand gelegten Holzleisten, ob der Wulst nicht verzogen ist;
- das Innere der Schale glätten Sie, indem Sie Mörtel schaufelweise gleichmäßig rundherum verteilen
- und den Mörtel dann mit der Kelle glattstreichen;
- bearbeiten Sie die Innenfläche zum Schluß mit schnellen Bürstenstrichen. Das geht bei Rundungen leichter als mit der Kelle;
- der feuchte Wulst wird mit einer Bürste abgerundet, eventuell korrigiert, was in diesem Stadium noch gut möglich ist; gleichzeitig entsteht dadurch eine matte Oberfläche.

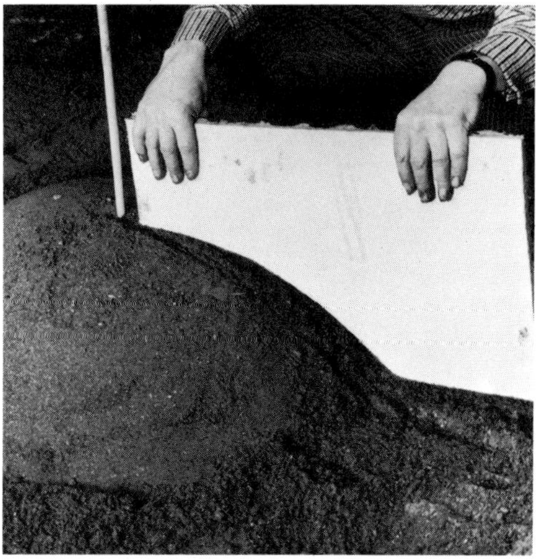

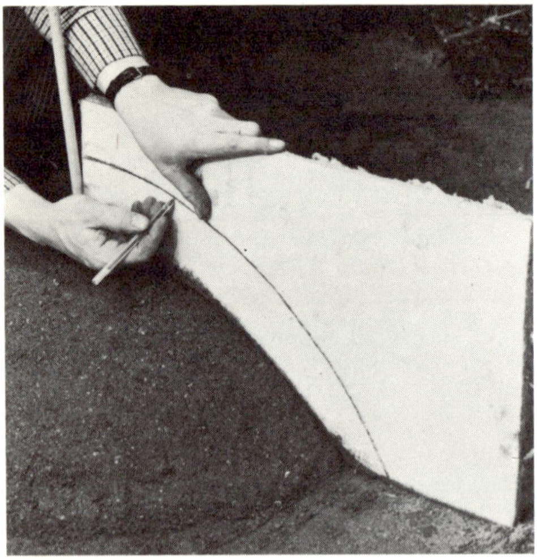

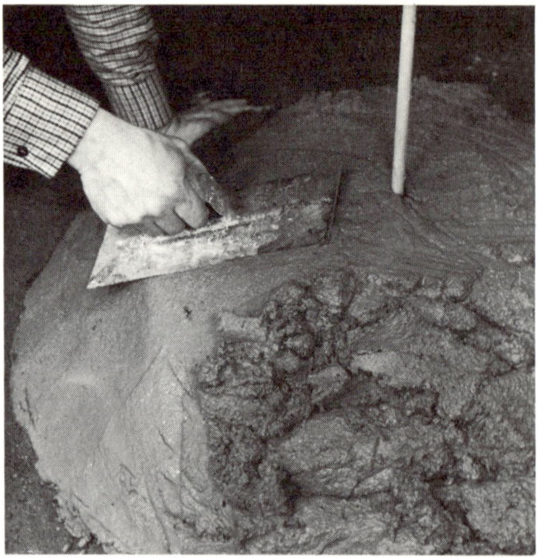

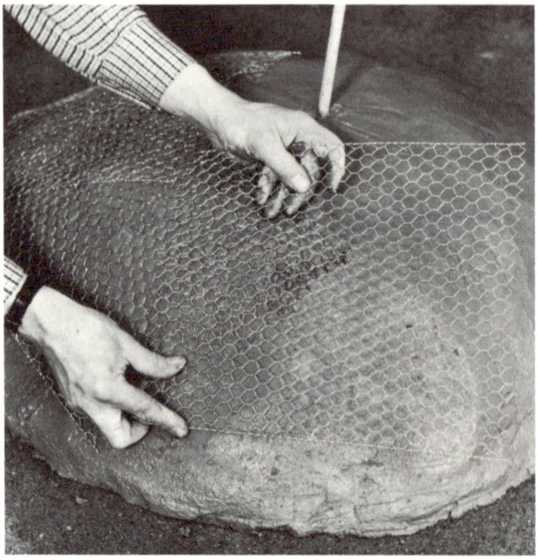

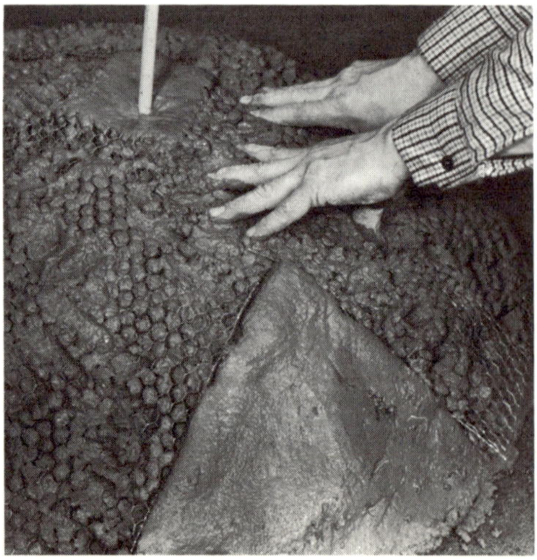

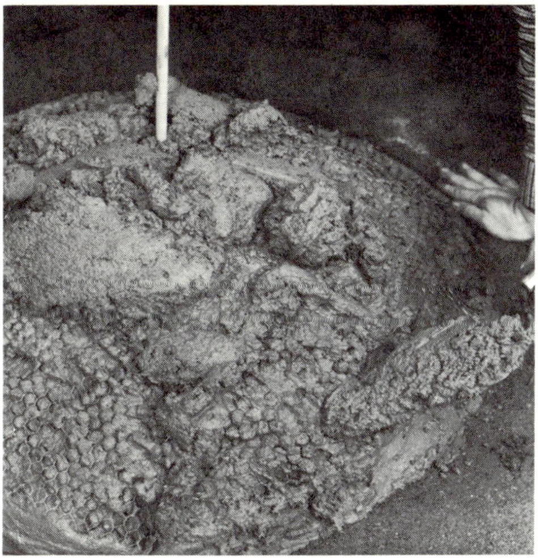

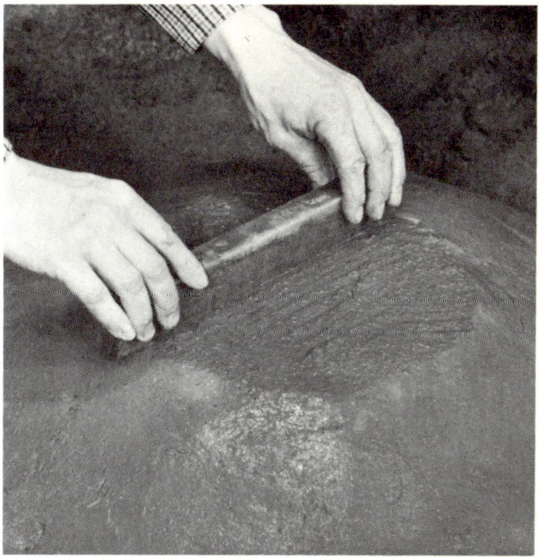

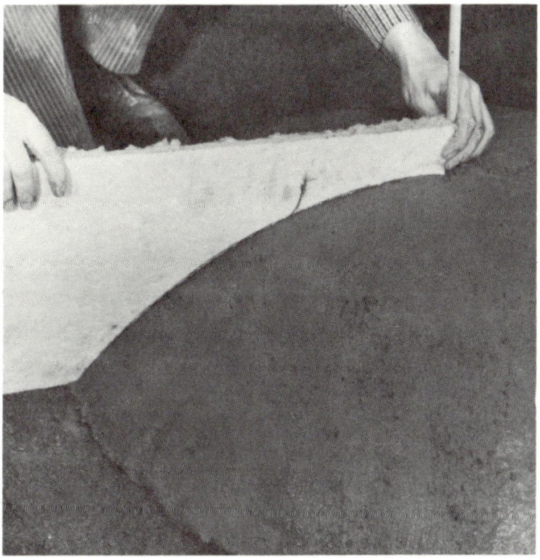

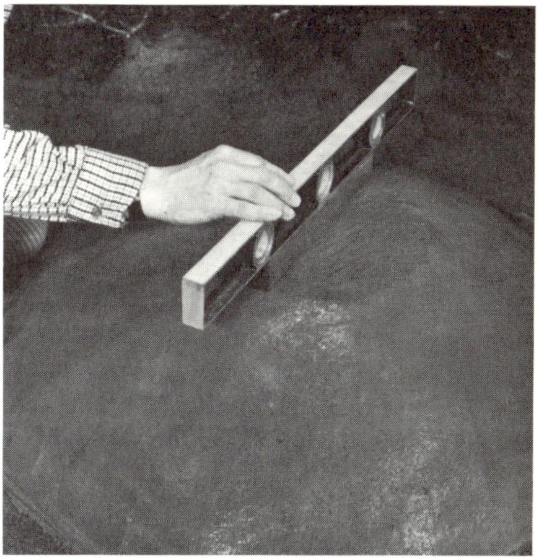

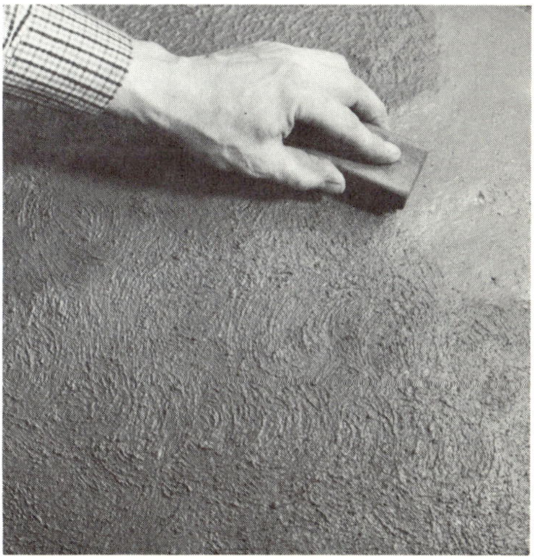

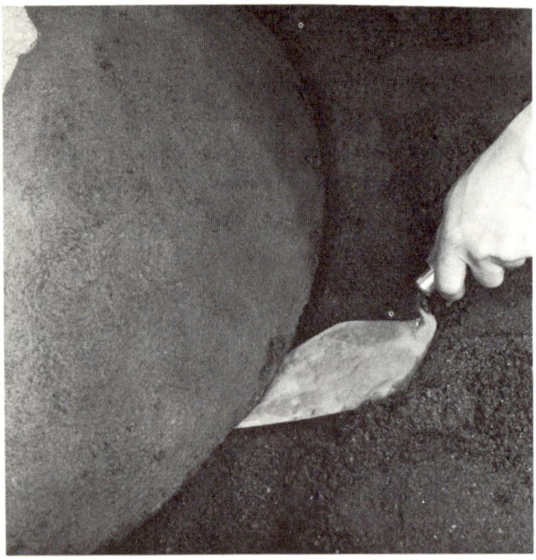

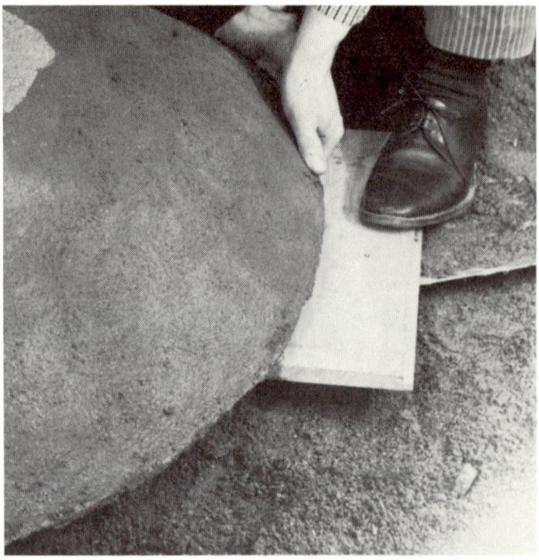

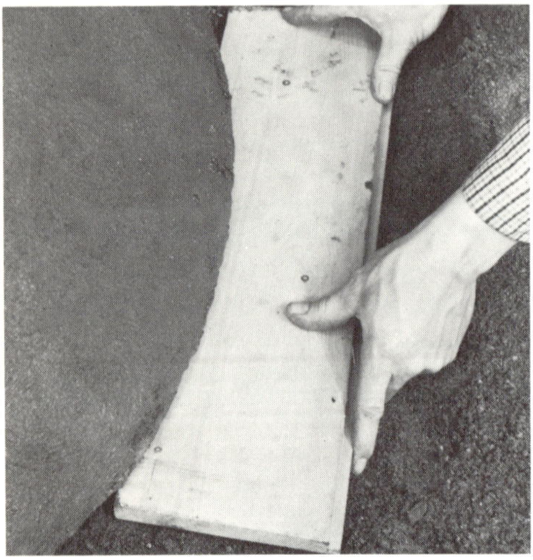

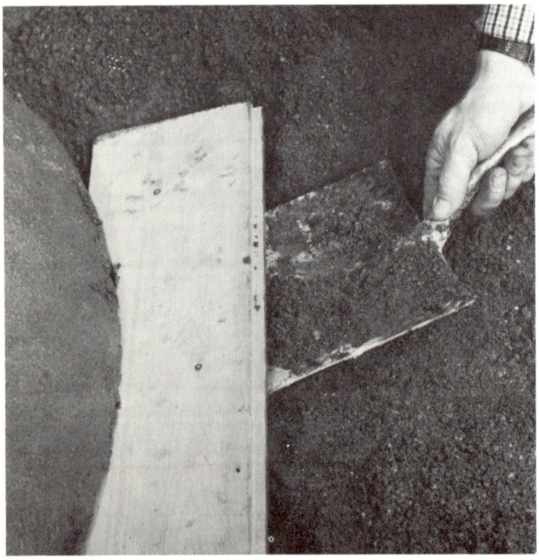

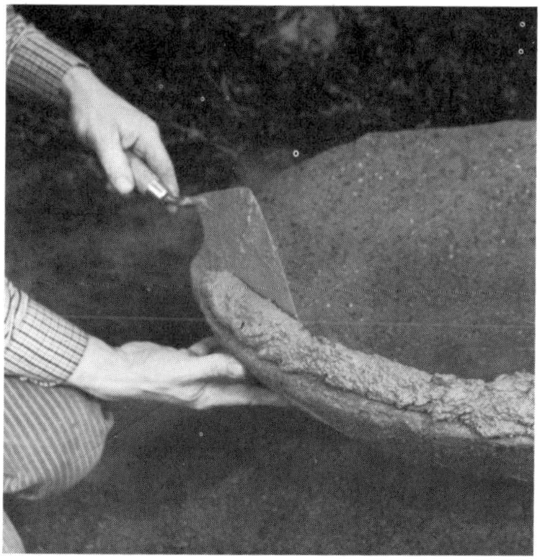

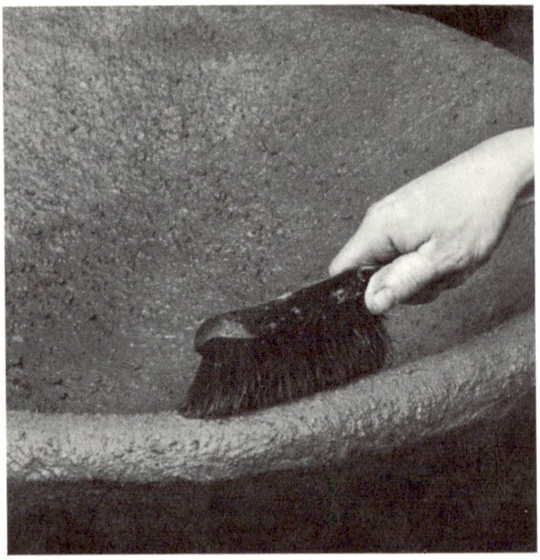

Ein Mühlstein für Romantiker

Der gute alte Mühlstein wird im Garten oft als Dekoration verwendet – als Tisch, Stufe oder Pflasterung. Die Struktur und das Muster eines solches Steines können sehr reizvoll sein. Da ein echter Mühlstein jedoch nur schwer zu beschaffen ist, wollen wir Ihnen zeigen, wie Sie ihn selbst herstellen können. Man gießt ihn aus Beton, dem ein dunkelfarbiger Zement beigemischt ist.
Da man nur im Ausnahmefall eine runde Form zum Gießen hat, kann man dieses Problem ganz einfach lösen, indem man ein rundes Loch an einer geeigneten Stelle gräbt. Ein einfacher Nährboden ist gerade richtig dafür. Für unsere Mischung verwenden wir einen Teil Zement, drei Teile feinen trockenen Sand und fünf Teile Kies – und Wasser. Mischen Sie den Beton jedoch nicht zu feucht!
Anleitung:

- Graben Sie ein rundes Loch in der gewünschten Größe des Mühlsteines aus. In unserem Falle beträgt die Tiefe etwa 20 Zentimeter;
- treten Sie den Boden des Loches fest und glatt;
- breiten Sie eine Polyäthylenfolie über den Boden;
- legen Sie gleichzeitig einen Streifen Polyäthylen rund um den Rand. Diese Folie verhindert, daß sich die Erde mit dem Beton vermischt;
- stellen Sie ein quadratisches Holzstück in die Mitte der Grube, damit der Stein das typische »Mühlsteinloch« erhält. Dieses Holz sollte sich nach oben etwas verjüngen;
- füllen Sie nun den Beton ein und achten Sie darauf, daß die Folie gut auf dem Boden und an dem Rand anliegt. Achten Sie darauf, daß der Holzblock in der Mitte bleibt;
- beseitigen Sie Luftblasen und Hohlräume mit einem Holzstück, das Sie auf den Beton stampfen. Füllen Sie etwa zehn Zentimeter des Loches mit Beton auf;
- wollen Sie den Stein als Tisch oder Stufe verwenden, so empfiehlt es sich, ihn zu verstärken. Schneiden Sie aus einem Maschendrahtnetz einen Kreis aus, dessen Durchmesser drei Zentimeter kleiner ist als der des Mühlsteines. Berücksichtigen Sie eine Öffnung für den Holzklotz. Breiten Sie den Draht über den feuchten Beton;
- füllen Sie bis zur vollen Höhe mit Beton aus;
- ebnen Sie nun mit der Kante einer Holzleiste den noch feuchten Beton und lassen Sie das Ganze eine Woche trocknen;
- wenn der Beton getrocknet ist, können Sie den Stein mit der Schaufel aus der Gießmulde herauswuchten;
- so schwer der Stein ist, läßt er sich dann leicht wegrollen.
- Schlagen Sie nun mit dem Hammer kräftig auf die kleinere Fläche des Holzklotzes in der Mitte, jedoch nicht auf den Beton;
- der Klotz löst sich sauber aus dem Loch. Entfernen Sie die Polyäthylenfolie von Boden und Rand;
- Mühlsteine weisen auf ihrer Oberseite meistens leichte Furchen auf. Sie können diese imitieren, indem Sie Kerben in den feuchten Beton kratzen; natürlicher wirkt es jedoch, wenn Sie diese Furchen mit der scharfen Seite eines Maurerhammers herausmeißeln;
- bürsten Sie dann den Staub ab. Die Furchen dürfen ungleichmäßig sein, dadurch wird der rustikale Effekt erhöht.

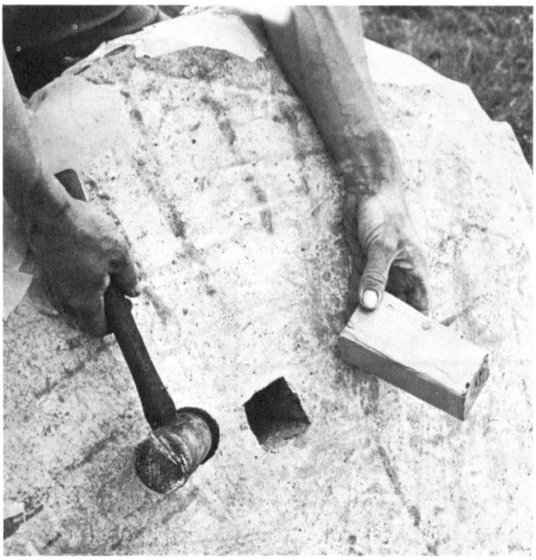

Der Miniaturtrog aus Gußbeton

Alte Steinbecken werden gern als Behälter für Miniaturgärten, Wasserbecken oder Vogeltränken verwendet. Heute sind sie jedoch selten zu bekommen und ziemlich teuer, aber mit Hilfe einiger Haushaltsgegenstände als Formen kann man einen Miniaturtrog ohne Schwierigkeit selbst gießen.

Der Beton wird aus einem Teil Zement und drei oder vier Teilen weichem Sand gemischt. Mit dunklem, orangerotem Sand kann man einen hübschen Natursteinton erreichen, ohne Farbzusatz zu verwenden; bei grauem Sand ist es jedoch besser, einen bereits gefärbten, hellbraunen Zement zu nehmen.

Der Beton darf nicht zu naß, sondern soll eher trocken sein. Bei größeren Vogeltränken oder Trögen wird dem Beton ein Verdichtungszusatz beigegeben, der, mit Gebrauchsanweisung versehen, im Fachgeschäft für Baubedarf erhältlich ist. Als Form für den Trog dient eine gewöhnliche Waschschüssel aus Plastik, die vom Beton nicht beschädigt wird, besonders wenn man die Innenseite mit Fett einreibt.

Anleitung:

- Als erstes eine fünf bis acht Zentimeter dicke Schicht Beton in die Schüssel geben;
- mit einem Stück Holz den Beton feststampfen, um Luftblasen zu entfernen. Wenn der Beton zu naß ist, steigt etwas Wasser an die Oberfläche. Falls sich die Mischung als sehr wäßrig erweist, kann man den Beton wieder ausschütten und ihm etwas trockenen Sand oder eine Mischung aus Sand und Zement beigeben;
- um die Vertiefung zu modellieren, eine außen eingefettete, kleine Schüssel, eine Schale oder einen Betonblock in die große Schüssel legen und diese rundherum mit Beton auffüllen;
- die kleine Schüssel mit einem Ziegel beschweren, falls sie beim Einfüllen des Betons nach oben steigt; jetzt muß man warten, bis der Beton fest geworden ist;
- nach drei bis vier Tagen, je nach Temperatur, die innere Schüssel mit einem kurzen Hammerschlag gegen die Außenwand lockern und entfernen;
- die Wände der größeren Schüssel nach außen biegen, um sie vom Beton zu lösen;
- die Schüssel umdrehen und mit der Faust kräftig auf den Boden schlagen,
- bis der Betonblock herausfällt;
- den Trog mit einer Feile oder einem Stoßstahl bearbeiten, um etwaige Unebenheiten zu entfernen oder die Ecken nach Wunsch abzurunden;
- den Boden mit einem Meißel glätten und formen. Beton, der gerade fest geworden ist, kann noch leicht bearbeitet werden.
- Soll der Trog als Blumenbehälter dienen, werden mit einem Steinbohrer Dränagelöcher von etwa 15 Millimeter Durchmesser in den Boden gebohrt, damit das Wasser abfließen kann. Es empfiehlt sich, drei bis vier Löcher zu bohren, da einige mit der Zeit verstopfen können;
- als Form für den Sockel dient ein gewöhnlicher Plastikeimer, in den wir etwas Beton, der wie oben beschrieben hergestellt wird, einfüllen;
- den Beton wiederum mit einem Stück Holz feststampfen;
- um Beton zu sparen und den Sockel leichtgewichtiger zu machen, kann man Holzstücke oder sogar leere, festverschlossene Blechdosen in die Mitte des Betons drücken;
- den Eimer bis zum Rand auffüllen, den Beton glätten und vier bis fünf Tage trocknen lassen;
- jetzt läßt sich der Betonklotz leicht aus dem Eimer herausstürzen;

Der Trog eignet sich auch ausgezeichnet als Vogeltränke, die jedoch an einem für Katzen unerreichbaren Platz aufgestellt werden sollte. Einige Steine, die in der Ecke aufgeschichtet werden und zwischen denen Moos und Farne wachsen, nehmen sich hübsch aus. Die Vögel, die durch das um den Trog gestreute Futter angelockt werden, werden die Tränke bald regelmäßig benutzen.

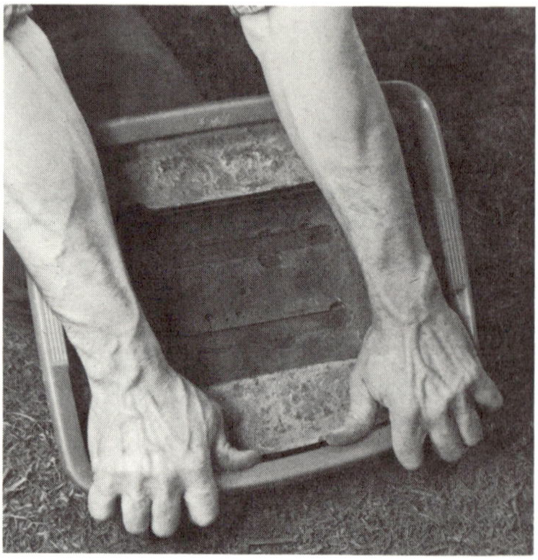

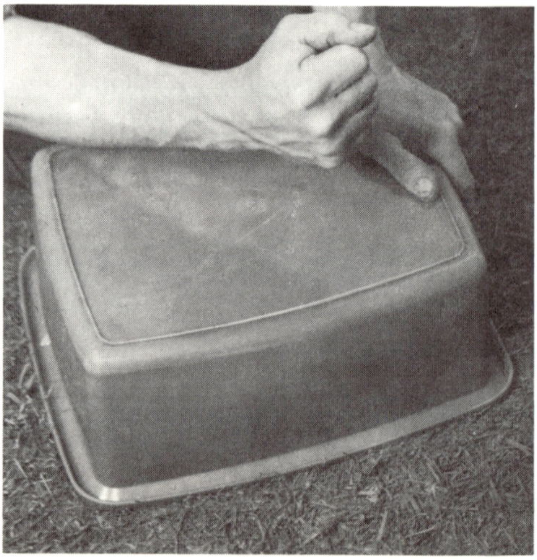

Ornamentformsteine als Gartenschmuck

Ornamentformsteine erreichen wegen ihrer vielseitigen Verwendbarkeit mehr und mehr Popularität im modernen Gartenbau. Tatsächlich sind ihre Einsatzmöglichkeiten so weitreichend wie die Fantasie des Gartenbauers. Die Beliebtheit dieser Steinblöcke hat bewirkt, daß eine ganze Reihe billiger Produkte auf dem Markt angeboten wird. Leider haben sie aber nicht alle die wünschenswerte Stabilität. Die Beschaffenheit des Betons ist oft ziemlich grob und die Steine zerbrechen relativ leicht. Obwohl diese sich ganz gut für niedrige und wenig beanspruchte Mauern verwenden lassen, ist es doch empfehlenswert, Steine von guter Qualität und feinerer Struktur zu kaufen. Sie sind aus weniger grobem Beton gegossen und daher nicht so leicht zerbrechlich. (Wie Sie sich Ornamentsteine selbst gießen können, ist im DVA-Gartenprogramm »Mein Garten neu angelegt« ausführlich beschrieben.)

Die Kombination von Ornamentformsteinen mit Platten verschiedener Arten und Größen eröffnet eine ganze Menge interessanter und unüblicher Gartengestaltungsvorschläge.

So ist es zum Beispiel besonders hübsch, solche Steine als Ständer oder Behälter für blühende Pflanzen zu verwenden.

Anleitung:

- Am meisten werden Ornamentformsteine zum Bau von Mauern im Garten verwendet. Diese können ziemlich hoch oder auch relativ niedrig sein. Ornamentformsteine sind so solide, daß auch Bauamateure Mauern von mehr als zwei Meter Höhe damit bauen können.
  Meistens haben die Pfeilersteine einen vorgeformten Schlitz, in den das Ende der Mauersteine genau hineinpaßt. Die Steine werden mit einem Mörtel zusammenzementiert, der ein Teil Zement und vier bis fünf Teile weichen Sand enthalten soll. Es ist wichtig, nicht zu viel Zement zu verwenden. Die geeignetste Mischung ist die, mit der die Steine selbst hergestellt sind;
- eine attraktive Sitzecke mit Wasserbecken und Blumenbord können Sie sich mit Hilfe der Ornamentformsteine leicht selbst zusammenstellen. Dabei spielt es keine Rolle, ob die Platten quadratisch oder nur rechteckig sind;
- Blumentöpfe werden an Mauern aus Ornamentformsteinen mittels gebogener Drahtstücke befestigt;
- die zu einem Haken gebogenen Drahtenden schiebt man dabei durch das Mittelloch der Steine und hängt sie an der anderen Seite ein;
- man kann die Töpfe natürlich auch zu beiden Seiten der Mauer hängen, wenn man die Drahtstücke zu einer Doppelschlaufe dreht;
- die Töpfe werden dann zu beiden Seiten der Wand in die Drahtschlaufen eingehängt;
- eine willkommene Abwechslung der Mauerfassade bringen verschiedene Blumenarrangements und deren abwechselnde Anordnung;
- ein flachgelegter Mauerformstein, dessen Mittelloch man mit Hammer und Meißel etwas erweitert hat, wird zu einem reizvollen Pfeilerabschluß . . .
- . . . wenn man einen hübsch bepflanzten Blumentopf in das Mittelloch stellt;
- gleicherweise lassen sich die Steine über die gesamte Mauerbreite verwenden.

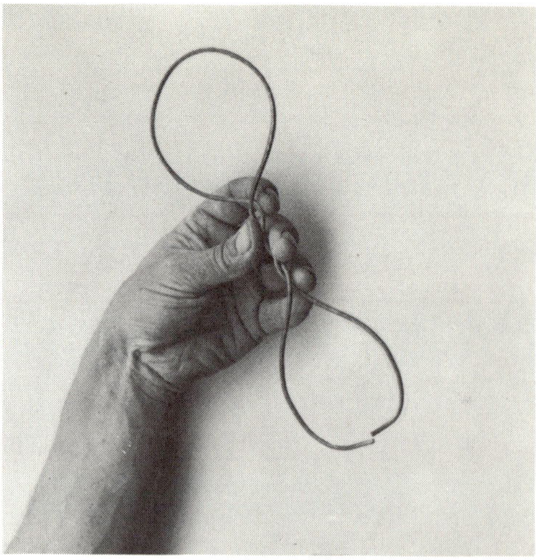

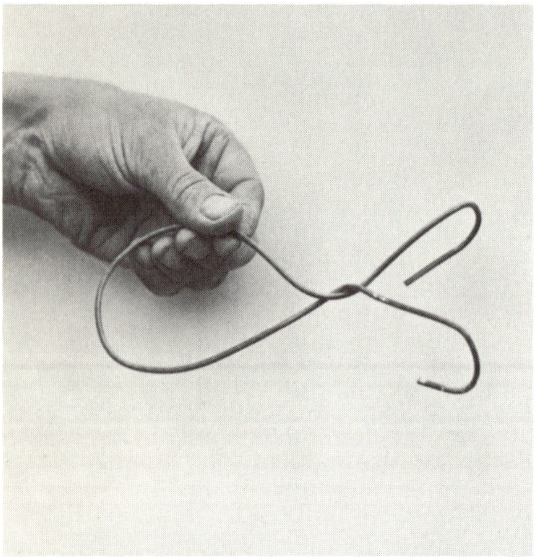